유혹하는 **본능**

**페르낭 레제** Fernand Léger 1881~1955

프랑스 아르장탕에서 출생한 화가. 초기에는 인상파에 관심을 가졌으나
피카소 등과 교유하면서 큐비즘에 매료되었고, 후에 '다이내믹 큐비즘'의
한 경지를 이룩하였다. 연극, 영화 등 여러 분야에서 활동한 전방위 예술가.

# 유혹하는 본능

일상의 도피인가, 은밀한 놀이인가

볼프강 슈미트바우어 지음 | 이미옥 옮김

|참솔|

DIE HEIMLICHE LIEBE
-Ausrutscher, Seitensprung, Doppelleben
by Wolfgang Schmidbauer

# 들어가는 말

어떤 불길, 어떤 석탄도
아무도 모르는 은밀한 사랑처럼
뜨겁게 타오를 수는 없으리.

언젠가 어디선가 한번쯤 들어본 적이 있는데, 입가에 수시로 멜로디가 떠오르는 재미있는 민요이다. 짧은 노래이지만 찬찬히 들여다보면, 여기에서 말하는 은밀한 사랑이 정확히 어떤 뜻인지 파악하기가 간단치 않다.

어느 누구도 눈치채지 못하고 있지만, 정작 당사자는 견디기 힘든 짝사랑일까. 은밀한 사랑에 빠진 사람은 불길이 활활 타오르는 위험에 빠진다는 뜻일까. 몰래 하는 비밀스러운 사랑이 가장 열정적이라는 메시지일까.

일반적으로 인간은 사춘기 시절에 처음 은밀한 도취상

태에서 누군가를 연모하는(유혹하는) 마음을 품게 된다. 이 실험적인 짝사랑은 한 사람을 만나서 사랑하고 이별할 때까지 전 과정을 머릿속으로 혼자 상상하는 사랑이다.

나의 짧은 생각에, 위의 민요는 우리가 사랑에 빠졌을 때 타인이 시기하지 않도록 비밀스럽게 행동해야 한다고 충고해주는 미신과 연관성이 있는 것 같다.

안나 막달레나 바흐(Anna Magdalena Bach, 1701~60. 궁정 가수였던 그녀는 20세에 36세의 작곡가 요한 세바스티안 바흐와 결혼하여 그의 두번째 아내가 되었다)는 그녀의 악보 한 귀퉁이에 이런 노래를 적어놓았다.

> 만약 당신 마음을 나에게 준다면
> 나는 비밀스럽게 몰래 감추어
> 우리 두 사람 외에
> 어느 누구도 알 수 없게 하리라.

이 가사를 보면 우리의 전통적인 관습 한 풍경이 떠오른다. 그러니까 예쁘고 건강한 아기를 볼 때, 우리는 아기에게 잘 생겼다느니 예쁘다느니 하는 말 대신 밉상이라고, 또는 산적처럼 생겼다고 말하는 풍습이 있다. 인간의 말이 마녀의 시기심을 불러일으켜서 아기가 병들거나 죽을 수 있다고 믿기 때문이다. 이 노래에서도 '비밀'이란 사악하고 위험한 마녀의 시선으로부터 인간을 보호해주는 주술 같은 의미가 담겼다고 볼 수 있다.

남녀가 자석처럼 서로 유혹하는 감정이 생기면, 우선 이들은 다른 사람에게 들키지 않으려고 노력한다. 현란한 조명이 빛나는 나이트클럽보다 어둑한 곳을 찾게 되며, 칵테일 파티보다는 스킨십할 수 있는 카페를 선호하게 되고, 만약 학생이라면 공개된 강의실보다는 사적인 공간, 즉 술집으로 향하게 된다. 보통의 인간이라면 어두운 장소에 있게 되었을 때 생각보다 쉽게 성적으로 유혹하는 행동을 하게 된다. 아마도 밝고 환한 곳에서는 육체적인 사랑을 나눌 수 없다고 느끼기 때문일 것이다.

사랑하는 두 사람을 엮어주는 매개는 에로스이다. 서로에게 특별한 감정을 품은 이들은 이 마음을 숨기려 든다. 두 사람은 친구나 가족에게조차 고백하기를 꺼리는데, 어쩐지 부끄럽기도 하고 몰래 누리는 행복을 도둑맞지나 않을까 하는 두려움 때문이기도 하다.

사실 이런 생각은 비현실적이다. 남녀가 사랑에 빠진다고 해서 가족이나 상사, 동료 또는 친구, 이웃이 반대할 이유가 없다. 아무도 사랑에 빠진 그들을 병들게 하거나 그들에게서 달콤한 행복을 빼앗아가지 않음에도 불구하고 두 사람은 두려워하는 것이다.

왜일까? 이는 우리를 둘러싸고 있는 환경에는 늘 부모의 입장이 반영되어 있기 때문이다. 처음 사귀는 남녀는 젊은 이들이 예상하는 것보다 훨씬 긴 시간이 지나고 나서야 관계가 견고해진다. 부모 또한 자신의 아들이나 딸이 연애하고 있다는 사실을 한참 지나서야 알게 된다.

그러나 연애 사실을 반드시 비밀에 부쳐야 하는 난처한 사랑도 있다. 그것은 바로 은밀한 사랑(바람, 외도)이다. 비밀스러운 사랑에 빠진 남녀는 이 밀애가 자신의 인생에 짐이 될까 두려워하고, 배우자로부터 비난받을지 모른다는 공포심을 느끼기도 하며, 가족을 속여서 벌을 받는 것은 아닐까 하는 의구심도 가진다.

예나 지금이나 어떤 공동체에서든 항상 비난받는 행위는 부정부패, 마약, 복잡한 남녀관계라는 점을 우리 모두는 가슴에 새겨야 한다. 특히 유명인이라면 더욱 그러하다. 심지어 미국에서 대통령을 꿈꾸는 정치가라면 자신의 은밀한 사생활을 잘 숨기는 능력까지 갖추어야 한다. 때로 유권자는 이점을 검증하기조차 하니 말이다.

몰래 사랑에 빠진 남녀가 한밤중에 비행기를 타고 살그

머니 여행을 떠난다고 가정해보자. 두 사람이 함께 떠난 사실을 어떻게 알 수 있을까. 우연히 우리가 그 비행기에 직접 탑승했거나 그 비행기가 추락했을 경우, 우리는 그들의 사랑을 짐작할 수 있을 뿐이다.

이 말은 은밀한 사랑이란 대부분 사람들의 눈에 잘 띄지 않음을 뜻한다. 만일 은밀한 사랑이 공개되면 그 순간부터 비밀도 매력도 사라지고 만다. 그리움과 애틋함으로 무장된 두 사람만의 캡슐이 망가지게 되는 것이다.

이들은 상담을 위해 나의 연구소를 찾아와서도 전적으로 신뢰하지 못하고 계속 망설인다. 배우자(또는 연인) 이외의 이성을 유혹하려는 감정은 인간의 원초적 본능이지만, 언제나 이것은 거의 이해받지 못하고 상처로 남기 때문이다. 특히 유명인의 경우, 진실어린 충고를 이웃이나 직장동료가 떠벌이는 잡담, 대중매체에서 떠들어대는 연예가 소식쯤으로 여기며, 자신의 솔직한 심정을 감출 때가 많다. 이때 상담자는 정말 안타깝다.

전문가로서 어떻게 이들에게 도움을 전해줄 수 있을까. 이 화두를 끌어안고 지금부터 책 속으로 여행을 떠나볼까 한다. 진지하고 흥미롭게!

| 제 1장 |

# 은밀한 쾌락, 무엇이 문제인가

사랑이란 서로 상반되는 가치,
즉 적극적인 표현과 소극적인 자세를 동시에 지니고 있다.
자신의 사랑을 마음껏 표현하는 사람은
그 사랑이 달아나지나 않을까 하는 불안감이 있다.
한편 조심스럽게 사랑을 감추는 사람은
상대가 자신의 마음을 몰라주거나 자신에게 관심을
두지 않은 것은 아닐까 하는 두려움을 갖는다.

〈실행〉, 클림트 Gustav Klimt, 1862~1918

대부분의 사람들에게 있어 성적인 쾌락은 상대에 따라 결정된다. 상대에게 강렬한 애착을 느낄 때 그에 비례하는 쾌락을 얻을 수 있는 것이다.

오르가슴 상태가 되면 아주 결정적인 순간에 우리는 스스로를 통제하지 못한다. 이런 기분이 우리를 매료시키기도 하지만 근본적으로는 우리를 두렵게 만드는데, 이는 자신을 망각하는 순간에 스스로를 제어할 수 없기 때문이다. 그래서 사람들은 힘들게 수고를 해서라도 오르가슴을 얻으려고 한다.

심리적·육체적 흥분상태에 이를 수 있는가의 여부는 파트너가 얼마나 은밀한 분위기를 연출할 수 있는지에 달려 있다. 즉 연출하기에 따라 상대를 섹스에 빠지게도 하지만, 마비시키고 식어버리게 할 수도 있는 것이다.

전자의 경우 에로틱한 과정이 진행된다. 자제력을 벗어던진 한쪽이 쾌락을 추구해 파트너를 자극하면, 상대 역시 반응하게 되어 이들은 좀더 진한 단계로 넘어간다.

두 사람이 이 과정을 멋지게 마무리짓게 되면, 상대에게 만족감을 줄 뿐 아니라 자신의 성적인 능력에 대해서도 신뢰하고 자신감을 갖게 된다.

하지만 이같은 상호작용은 전혀 다르게 일어날 수도 있다. 예를 들어 남자의 입장에서는 자신의 성적인 매력을 여자로부터 인정받지 못했다는 느낌을 가질 수 있다. 그러면 정열을 불태우며 짙은 관계로 나아가고자 했던 남자는 주춤거리며 기로에 서게 된다.

또 여자가 깊은 관계로 발전하기를 주저하면, 그는 마치 자신이 비겁하게 쾌락이나 구걸하는 사람처럼 여겨지면서 자신감을 잃고 만다. 이때 남자는 열정을 품기보다 오히려 억제하는 편이 더 낫겠다고 판단내릴 수 있다. 게다가 상대 여성이 자신을 거절이라도 한다면 이는 수치스러운 일이 되므로 차라리 자신이 상대를 원하지 않는 편을 선택할 것이다.

이와 반대로, 남자가 여자를 얻으려는 소망을 굽히지 않을 수도 있다. 이렇게 되면 처음에 주저하고 망설이던 여자도 남자의 도움으로 깊은 관계에 이를 수 있다.

부부문제의 상담과 치료를 하는 대부분의 전문가들은 후자의 경우보다 전자의 경우를 주로 다룬다.

흔히 이런 부부들은 증상이 매우 심각해져서 어쩌지 못할 때 전문가를 찾아온다. 즉, 두 사람이 성관계를 갖는 횟수가 몇 년 전부터 서서히 줄어들어 아주 강력한 자극 — 어느 한쪽이 외도나 이혼할 생각을 품고 있을 때, 또는 아기를 낳고자 원할 때 — 을 통해서만 겨우 회복될 수 있을 지경이 되어야 비로소 전문가를 찾는 것이다.

이들은 만성적인 불만에 쌓여 서로 책임을 전가하는 경우가 다반사다. 사실 이들의 갈등은 섹스문제로부터 불거져 나왔지만, 정작 이에 대해서는 서로 한마디도 하지 않고 간접적인 불만만 털어놓는다.

예를 들어 아내는 남편으로부터 가사일이나 아이의 교육문제로 늘 잔소리를 들어야 한다. 그런가 하면 남편은 잠자리를 거절하는 아내 때문에 고통을 당한다.

바꾸어 말하면, 남편은 아내가 섹스에 무관심한 것이 못마땅해 쓸데없는 잔소리를 하는 것이고, 아내는 이런 잔소리를 들을수록 부부관계에 더 관심이 없어지는 것이다.

현대사회에서 사랑하는 사람들은 대부분 상대로부터 성

적인 만족과 경제적인 도움 그 이상을 얻고자 한다. 부모를 대신해주는 사람, 자아도취적인 인정, 보호·안전 등과 같은 것들 말이다.

한편 배우자로부터 성적인 만족은 얻지 못하지만 안정된 삶을 누리기 위하여 함께 사는 부부도 있다. 이런 커플의 경우 자식이 생기면 부부의 열정은 뒷전으로 밀려나기 십상이다. 이들은 자식이 성장하면 상대방을 부를 때 서로의 이름 대신 아내는 남편을 '아빠', 남편은 아내를 '엄마'라고 부르곤 한다. 물론 이렇게 말하더라도 아이는 누구를 호칭하는지 잘 안다.

부부 사이에 갈등을 일으키는 원인으로 절대 과소평가해서는 안 되는 것이 또하나 있다. 그것은 바로 현대적인 사랑이 주는 강박관념인데, 사랑하는 사람은 다른 사람과 무언가 달라야 하며, 서로가 동일한 가치관을 가져야 한다는 강박관념에서 빚어지는 갈등을 말한다.

그래서 많은 가정은 옆집의 다른 부부와 비슷하게 살지 않기 위해 조잡하거나 또는 세련된 여러가지 방법을 동원한다. 어떤 부부는 미식가가 되고, 어떤 부부는 스포츠를 하고, 혹은 예술품 경매에 참가하여 예술품을 수집하고, 또 어떤 부부는 정원 가꾸기에 열심이고, 이도 저도 아니면 외국여행을 떠나거나 특정 종교에 입문한다.

함께 늙어가는 장년의 부부는 옛 친구들을 초대해 식사 대접을 한 뒤, 이 손님들이 프랑스의 적포도주나 투르크산 (産) 양탄자, 혹은 골동품이나 장미재배에 대하여 문외한 이라는 사실을 발견하고는 우쭐해 하기도 한다.

하지만 이런 공통된 취미생활이 특정 부부를 다른 부부와 구별해주고 자긍심을 갖게 해주는 기능만 하는 것은 아니다. 만일 부부 중 한 사람이 배우자보다 부족하다고 느끼며 이를 견딜 수 없어 한다면, 부부관계는 심각한 궁지에 몰릴 수도 있다.

이러한 류의 갈등이 잠재되어 있는 전형적인 예는, 성공에 지나치게 집착하는 남녀가 만나 결혼했을 경우이다. 이런 남녀가 위기에 처하게 되는 사례를 들어보겠다.

예를 들어 노동자나 농부집안 출신의 한 남자가 교양 있는 집안의 딸과 결혼했다고 가정해보자. 전부터 사회적으로 성공하려는 야심을 품은 남자라면 이로써 순조로운 출발을 한 셈이다. 그는 아내와 함께 직장, 가사, 성생활에 있어 아무 문제가 없을 정도로 잘 해나간다.

하지만 아이가 태어나면서부터 남편은 점차 참기 힘든 때가 많아진다. 아내에게 중요한 일이 그에게는 사소하게 보이고, 시간만 낭비하는 쓸데없는 일로 여겨질 때가 부지 기수이다.

또한 아이의 성장과정을 지켜보는 남편은 자신의 어린 시절과 아이를 비교하게 된다. 그는 버릇없는 아이의 요구를 이해할 수도 받아들일 수도 없는데, 아내는 버릇을 고쳐주기는커녕 오히려 더 나쁘게 길들이고 있다.

남편은 수영, 피아노, 승마, 이런 것들을 배워본 적이 없다. '도대체 무엇 때문에 저런 걸 배워야 하지?' 하면서 이해할 수 없어 한다. 뿐만이 아니다. 주말에 가족끼리 나들이를 나가거나 운동이라도 하자고 제안하면, 아내와 아이들은 할일이 많다면서 거절해버리곤 한다.

이제 남편은 언제나 그를 인정해주는 직장일에 파묻혀 점차 자신의 영역에서 나오지 않으려고 한다. 아내는 이런 남편에게 은근히 화가 나지만 어쩔 수 없이 혼자서 학부모 회의에 참석하고, 아이들이 아플 때도 홀로 병원에 데려간다. 이때 남편은 아내가 아이를 돌보는데 지나치게 신경쓴다며 불평하고, 아내는 단지 부모로서 의무를 다할 뿐이라고 강하게 항변한다.

남편이 걸핏하면 자신에게 핀잔준다고 생각하는 아내는 친정에 자주 드나들게 되고, 지금까지 소중했던 남편보다 자신과 가치관이 비슷한 여자친구와 더 가깝게 된다. 그녀는 남편을 설득하는 일이 너무 힘들어서 결국에는 그냥 내버려두게 되고, 부부는 점차 소원해진다.

이럴 때 부부관계마저 갖지 않으면, 남편은 회사의 야유회나 출장길 등에서 미혼여성을 만나 외도하게 될 가능성이 다분해진다.

이렇듯 남녀가 개인주의적인 성향으로 행동할 때 아이는 위기를 야기시키는 원천이 되기도 한다. 아이가 생기면 아무래도 서로 애정을 나누고 상대를 인정해주던 부부의 습관이 방해받기 마련이다. 아이는 무언가 필요하면 울어대고, 부모 중 한 사람은 늘 아이의 욕구를 충족시켜주어야 한다. 그럼으로써 아이는 지금까지 엄마 아빠가 나누었던 모든 것을 포기시켜버리는 존재가 된다.

인간은 누구나 할 것 없이 사랑에 빠지면 상대의 권리를 무시하고 싶은 모순적인 상황에 직면하게 된다. 자신의 질투는 내가 지금 너무 힘드니 상대방에게 배려해달라는 호소이지만, 상대가 자신으로 인해 질투를 느낀다면 이것은 부담스럽고 거추장스럽게 생각된다.

나의 아내 (또는 나의 남편)는 내가 필요로 할 때 항상 내 곁에 있어주어야 한다 — 하지만 상대가 나에게 이런 요구를 해오면 나를 괴롭히는 것으로 받아들인다. 나라는 사람은 수줍음도 많이 타고 쉽게 불안해 하는 성격이다. 그러니 여자(남자)가 먼저 나를 유혹하고 점령해주었으면 좋겠다―그런데 내 아내(내 남편)는 자신이 무얼 해야 하는지도 모르는 맹꽁이다.

"다른 여자들은 남자가 원하는 게 뭔지 잘도 아는데!"

"아, 내가 원하는 게 뭔지 잘 아는 남자를 만나면 좋겠어! 언제나 내가 먼저 시작하지 않으면 울상을 짓곤 하는 큰아들 같은 남자에게 질려버렸어."

이런 불만이 터져 나오는 원인은, 성인의 사랑에는 여러 가지 불안정한 감정들이 혼재되어 있기 때문이다. 무엇보다 성인들의 사랑에는 가족애, 부모와 자식간의 애정, 에로틱이라는 쾌락의 원천, 사회적 규범 같은 것들이 복합적으로 뒤섞여 있다. 여기에서 사회적 규범이란 문화가 문화답게 제대로 기능하도록 해주며, 서로의 상반되는 관심을 조정해주는 역할을 담당한다.

이처럼 사랑은 다양한 요소로부터 종합적인 예술을 만들어낸다. 마치 화가가 염료나 오일, 캔버스로부터 하나의 그림, 즉 독자적이고 다시는 똑같이 반복할 수 없는 형태의 작품을 만들어내듯 말이다.

순진하게도 우리는 진심으로 믿을 수 있는 이상적인 상대(흔히 말하는 멋진 남자, 멋진 여자)를 원하지만, 사실 그런 상대를 찾기란 낙타가 바늘구멍을 통과하는 것만큼 어려운 일이다.

설령 우리가 이상적인 파트너라고 생각되는 사람을 만났다고 치자. 그래도 그는 상대방의 기대에 어긋날까 염려스러워 자신의 뜻대로 행동하지 못하는 경우가 많다.

우리는 흔히 이런 사람을 감성, 격정, 지성적인 면을 넉넉히 지닌 멋진 사람으로 보는 게 아니라, 규범, 태도, 도덕적인 총체로서의 그를 비난의 대상으로 보려 한다.

때문에 아주 사소한 일로 인해 두 사람은 싸움을 시작하기 쉽고, 이럴 경우 이상적인 관계의 정체가 확연히 드러나고 만다. 마치 팽팽한 풍선에 작은 구멍이 생기면 금방 터져버리는 것처럼 말이다.

최근 이런 인간적 특성을 반영하여 남녀 사이의 문제를 개인적이고 감정적인 시각에서만 다루지 않고, 사회규범적인 측면까지 고려하여 다루려는 경향이 있다.

만일 질투심에 사로잡힌 한 남자가 전통적인 도덕을 들먹거리며 자신의 아내를 창녀 내지는 결혼을 파탄으로 몰고 간 나쁜 여자로 비난한다면, 그는 산업화 이전의 사회로 퇴행하려는 사람임이 분명하다.

그는 사회적인 압력(대부분의 사람들은 결혼을 파탄으로 몰고 간 여자를 경멸할 것이다. 엄격한 가부장적인 전통이 지배하던 시대에는 이런 여자를 돌로 쳐죽였다)을 통해서 아내를 자신에게 종속시키려고 하거나, 적어도 ─ 질투는 사랑이라는 총체적인 감정을 반영하기 때문에 ─ 모든 것을 함께 나누지 못한 것에 대하여 복수하려는 의도가 분명하다.

"그녀를 잃는 것은 생각만 해도 참을 수 없는 일이야. 그래서 나는 더욱 그녀를 증오해. 어린시절부터 나는 애정과 증오를 간직한 사람이었지만, 아내에게는 최고의 남편이 되어주겠다고 약속했지. 그런데 이따위 문제 때문에 희망을 포기해야 한단 말이야?

아내는 내가 멋진 남편이 될 수 있도록 협조해야 마땅해. 그동안 아내는 그 어떤 여자들보다 뛰어나고 멋진 여자였잖아. 뭐, 마녀라고? 무슨 농담을! 지금은 다른 남자를 사랑하는 부도덕한 여자이지만, 틀림없이 그녀는 요정이 되어 다시금 내가 사랑할 수 있도록 마법을 걸어올 거야. 아내는 자신이 그런 사람이 아니라고 말하지만, 나는 그녀의 말을 곧이곧대로 믿는 바보가 아니야."

이렇듯 남편이 모순에 가득 찬 기대를 안고 있는 것을

알지만, 여자는 이런 남편을 거절한 후 부끄럽고 미안하게 생각하거나 죄책감을 느낀다. 도덕적인 부담감이 쌓일수록 여자는 더욱더 다른 남자와 은밀하게 또는 공개적으로 사귀며 열중하고 싶어한다.

만일 부부가 이런 상황에 맞닥뜨려 있다면, 적어도 한 사람은 분명하게 알아두어야 할 점이 있다. 그것은 하나의 가치체계로 문제를 풀어나가야 한다는 사실이다.

전통적인 모델에 따르면, 아내가 도덕적으로 타락했을 경우 남편은 이혼을 하거나, 아니면 아내의 외도를 아량으로 넘어가야 한다.

개인주의적인 의미체계를 선택한다면, 남편은 도덕에 대해서는 함구하고 자신의 두려움이나 희망, 기대 등에 대해서만 이야기해야 한다. 그리고 아내에게 그녀의 행동 중 어느 정도까지 참을 수 있고, 어느 정도 이상은 인내하기 힘든지 분명하게 알려주어야 한다.

사실 남자들이 이렇게 행동하기란 너무나 힘들다. 왜냐하면 이런 태도는 평소 그가 지니고 있는 정서, 이상적인 삶의 모습, 가치관 등과 심각하게 모순되기 때문이다.

그러나 충실한 부부로서 두 사람의 관계는 이미 깨졌더라도, 마지막으로 남아 있는 기본적인 관계나마 유지하려면 고생스럽더라도 그렇게 하는 편이 좋다. 그래야만 두 사람의 관계가 파탄으로 치닫지 않을 것이다.

자신의 가치를 손상시키지 않으려고 상대의 가치를 비하시키면, 결국—에드워드 알베의 작품 『누가 버지니아 울프를 두려워하랴』에서처럼—두 사람 모두 상대방을 무자비하게 괴롭혀서 지옥 같은 상태에 떨어지게 된다.

적을 잘 겨눈 다음 적중시키는 능력이 전쟁시 필요한 기술이라면, 거짓말은 남녀가 벌이는 전쟁에서 최우선적으로 필요한 책략이다. 때문에 은밀한 사랑을 다룬 문학작품에는 남녀관계를 흔히 전쟁이라는 은유를 통해 묘사하는 경우가 많다.

때로 은밀한 사랑이 공개될 수도 있는데, 만일 그렇게 되면 이 사랑은 승리를 거둘 수 없다. 그러므로 비밀과 사랑은 서로 뗄 수 없는 관계이고, 비밀스런 사랑은 노출됨으로써 파멸에 접어든다는 결론에 이를 수 있다.

다른 한편으로, 사랑이란 서로 상반되는 가치, 즉 적극적인 표현과 소극적인 자세를 동시에 지니고 있다. 자신의 사랑을 마음껏 표현하는 사람은 그 사랑이 달아나지나 않을까 하는 불안감이 있다. 한편 조심스럽게 사랑을 감추는 사람은 상대가 자신의 마음을 몰라주거나 자신에게 관심을 두지 않는 것은 아닐까 하는 두려움을 갖는다.

사랑하는 사람들의 경우(남자와 여자 모두) 밀애를 숨기고 있는 동안 상당히 매력적으로 보일 때가 많다. 사실 모든 것을 주는 사람은 더이상 줄 것이 없지만, 무언가 주저하며 감추고 있으면 풍요롭고 비밀스럽기까지 하다.

요즈음은 '사랑' 이라는 표현이 차고 넘쳐서 그 진지함이 감해졌고, 때로 진부하게 여겨지기도 한다. 그러니 이 말을 숨길수록 그만큼 가치가 올라간다고도 볼 수 있다. 그렇다고 사랑이라는 단어를 평생 숨기고 있다면 그것이 과연 아름다운 사랑이 될 수 있을까?

사랑을 둘러싸고 생기는 또다른 모순은 혼자 있을 때와 함께 있을 때 각각 다른 마음을 품는 것에서도 발견된다. 사람들은 서로 사랑하게 되면 이 사랑으로 인해 결코 외롭지 않게 되기를 희망한다. 그런데 바로 이런 희망을 품은 사람들이야말로 더욱 외롭게 되는 상황을 스스로 만들면서 괴로워한다.

한 여자가 있었다. 39세인 이 여인은 대학에서도 똑똑하기로 소문이 난 친구였고 또 아주 미인이었다. 당시 그녀는 사귀는 남자친구와 아이를 가지려고 노력하는 중이었는데, 그러는 와중에 몰래 결혼광고를 내고 다른 남자들과 사귀며 양심의 가책을 느끼곤 했다. 왜냐하면 그녀는 임신을 못할까봐 두려웠고, 자신이 아이를 낳지 못할 경우 남자친구가 떠나갈까봐 전전긍긍했던 것이다.

하지만 그런 식으로 행동하면 오히려 괜찮은 남자를 만날 가능성이 더 없어진다는 사실을 그녀는 모르고 있었다. 그녀는 오로지 노후를 함께 보낼 남자를 찾는데 모든 것을 바치고 있었기 때문이다.

이런 여자는 자신이 한 남자에게 정말 좋은 여자가 될 수 있다는 확신이 부족하기 때문에, 자신에게 매우 엄격하고 앞으로 남편이 될 남자에게도 지나치게 많은 것을 요구하게 된다.

외로움을 두려워하는 이 여자는 늘 자신의 곁에 있으면서 다정하게 해줄 남자를 만나 '영원히' 함께할 모든 준비가 되어 있다고 스스로를 생각한다. 하지만 이 기대가 수포로 돌아갈 수밖에 없는 결정적인 이유는, 이런 여자는 어떤 남자도 믿지 못한다는데 있다. 그러니까 자신이 선택한 남자라면 다른 여자가 생기더라도, 자신을 떠나지 않을 것이라는 믿음이 없는 것이다. 아무리 똑똑한 여자라도 이런 공포심을 느낄 때면 맥없이 무너져버린다.

과거에는 정신적으로도 충족되었던(예수 그리스도와 결혼

하는 수녀처럼) 사랑이 오늘날에는 더없이 세속화되었다. 더욱이 남녀관계는 서로가 서로를 선택해야 하는 어려움까지 떠안게 되었다.

예전 전통적인 사회에서는 부모가 자식의 짝을 정해주었다. 하지만 오늘날에는 서로 끌려야 결혼을 하고 아이를 갖는 게 보통이다.

결혼 전에 이 남자 또는 이 여자가 진정한 나의 짝일까 고민하며 여러모로 재어보고 결정하는 과정은, 그야말로 엄청난 위험과 고난이 따르는 영웅적인 행위라고 해도 과언이 아니다. 시시포스나 헤라클레스가 했을 법한 행동이라고나 할까.

부부는―부모로서 실패할 수 있는 갖가지 가능성에 대하여 알려주는 교육자, 심리학자, 의사들이 특히 심하다―어떠한 실수도 하지 않으려고 한다. 이들은 아이를 낳기 전에 자신이 과연 좋은 부모가 될 만한 자격이 있는지 정확하게 짚고 넘어가려 한다. 물론 파트너에게서도 좋은 부모가 될 만한 성향을 갖추고 있는지 확인하려 든다.

건강한 갓난아기는 그렇지 않은 아이에 비해 상대적으로 단순한 욕구를 지니고 있으며 성장도 빠르다. 하지만 갓난아기 같은 욕구를 떨치지 못한 성인들은 복잡하기만

하고 어른으로 제대로 성숙하지도 않는다.

때문에 유아적 성향이 잠재되어 있는 성인의 경우 자신이 부모 역할을 잘 해내지 못하는 것은 물론, 배우자까지도 그렇게 만들어버리는 무자비한 사람이다.

모순은 여기서 끝나지 않는다.

"당신 말이야, 아직 아이도 생기지 않았는데 벌써부터 부모가 되는 것을 그렇게 두려워한다면, 앞으로 어떻게 애를 키우겠어!"

이런 식으로 자신에 대한 걱정을 상대에게 떠넘기곤 한다. 막상 어떤 일을 당하면 상상했던 것보다는 두려움이 크지 않다는 사실을 이들은 모르고 있다. 항상 두려워만 하는 이들은 갓난아기란 늘 울고, 온갖 질병에 시달릴 것이며, 이 때문에 아내는 돌아버릴 거라고 상상한다.

하지만 현실은 그렇지 않다. 건강한 갓난아기는 의외로 잘 울지 않으며 잠을 잘 자고, 병에 걸릴 수도 있지만 안 걸릴 수도 있다. 또 아내는 아이가 빽빽 울더라도 미치지 않고, 오히려 아이가 원하는 욕구를 잘 해결해주어서 울음을 그치게 할 수 있다.

부모의 역할을 가장 멋지게 해낼 수 있는 사람은 사이좋은 부부이다. 그리고 미래에 대하여 지나치게 세세한 걱정까지 하지 않고, 부부싸움을 하더라도 그럭저럭 잘 화해하는 부부이다. 이렇듯 안정된 관계를 맺고 있는 부부라면 아이를 ─ 성관계로부터 나오는 열매 ─ 낳는 일도 자연스럽게 받아들이고, 자신들의 사랑처럼 아이가 잘 성장할 것이라고 믿는다.

그외의 모든 것은 아이와 엄마, 아이와 아빠가 서로 어떻게 관계를 조율해 나가느냐에 따라 달라진다. 이렇게 볼 때 부모가 되려는 자세는 임신을 합의하기 이전에 이미 남녀에게 존재하는 것이 아니라, 한 개인에게 주어진 상황에 따라 점차 발전해 나가는 것이며, 부모가 되었을 때 결정적으로 발현된다.

우리처럼 상담을 하고 치료를 하는 사람들은 갖가지 형태의 부부문제를 만나게 되는데, 다음 유형의 부부가 특히 많은 것 같다. 즉 상대가 미래에 좋은 부모가 될 수 있다는 확신이 섰을 때 비로소 성관계를 맺으려는 바람에 두 사람 사이가 심각한 위기에 처하는 경우이다.

현대적인 결혼은 일반적으로 다음의 수순을 밟아간다.

1. 각자 자신의 집에 살면서 연애한다.
2. 함께 산다.

3. 아이를 낳는다.

결혼한 남녀는 얼마 지나지 않아 에로틱한 긴장감을 잃
어버리기 쉽다. 조심스럽게 사랑을 나누던 미혼 시절을 몹
시 그리워하는 남녀를 나는 여럿 보았다.* 두 사람만의 밀
애를 즐기다가 한밤중이나 새벽녘이 되어서야 각자의 집
으로 돌아가곤 했던 시절을 말이다.

자신만의 삶을 자유롭게 살았고, 상대를 간섭하지도 간
섭받지도 않았다. 만일 초대를 받아 그녀의 집을 방문한다
할지라도, 그 집의 목욕탕이 몇 달 전부터 청소되지 않았
건, 부엌에 빈 포도주병 상자가 널려 있건 그다지 신경쓰
지 않을 것이다. 하지만 우리집 욕실과 부엌이 그토록 지
저분하게 방치되어 있다면 참을 수 없을 것이다.

만일 두 사람이 함께 살기로 결정했다면, 남자가 목욕탕
청소를 하고 빈 병도 치울 수 있을 것이다. 왜냐면 그녀를
사랑하니까. 또 같이 살게 되면 상대적으로 더러운 것을

---

★  과거 은밀히 사랑을 나누던 시절을 매년 의식처럼 기념하는 행복한
부부들도 있다. 한 부부의 예를 들어보자. 이 부부는 15년 전부터 처음
사랑을 나누었던 날이 돌아오면, 당시의 그 식당에서 식사를 하고, 한
밤중에 아내의 사무실로 몰래 숨어들어가 불편함 속에서 그때 나누었
던 불 같은 사랑을 재현하곤 한다.

참지 못하는 사람이 먼저 치우게 마련이니까.

좀더 진지하게 들어가보자. 아무리 사랑에 굶주린 현대인이라지만 두 사람이 함께 생활하다보면 그 전에 품고 있던 이상이 하나둘씩 깨어지는 경험을 하게 된다. 미처 예상치 못한 변수도 생기고, 때로는 다시 혼자 살고 싶은 소망이 간절해지기 때문에 에로틱한 감정이 이내 식어버릴 수도 있다.

각자 따로 살면 연인에게 상처입힐 일이 훨씬 줄어들고, 갈등이 생기더라도 다양하게 변명할 수 있다. 하지만 함께 살게 되면 아무리 조심한다고 해도 간단치 않다.

내가 어제 하루를 어떻게 보냈는지 모르는 애인이라면, 어젯밤 어느 정도 술을 마셨고, 아침에는 얼마나 바쁠 것인지 그녀가 어떻게 알겠는가. 동거하는 여자와 달리 그녀는 나의 모든 말을 믿으려 들 것이다.

이에 반해 함께 사는 아내는, 내가 어제 몇 시에 자러 갔으며, 술은 얼마나 마셨는지, 또 내가 모시는 사장은 일을 혹독하게 시키지 않는 스타일임을 잘 알고 있다. 그러니 내가 피곤하니까 쉬고 싶다고 그녀에게 말하기가 난처한 것이다. 이렇듯 두 사람이 한 집에 살게 되면 서로 진실해질 수밖에 없다.

하지만 이것은 바람직한 관계를 유지하기 위하여 그다지 효과적인 방법이 아니다. 아마도 모든 부부는 두 사람 사이의 오해가 깊어져서 관계가 싸늘하게 식어버리기 전에, 말다툼을 해서라도 적절한 때에 대화로 오해를 푸는 방법을 익히고 싶을 것이다.

대중매체의 영향을 지나치게 많이 받은 우리는 흔히 남녀관계에 대하여 환상을 품고 있다. 마치 남극의 빙하를 등반하는데 여름셔츠와 샌들을 꼭 지참하라고 당부하는 황당한 테마여행의 엉뚱한 주최자처럼 말이다.

은밀한 사랑은 우리가 연애기간 초기에 경험했던 자유롭고 가슴 설레이는 순간을 조금이나마 다시 느껴보고자 하는 시도이다. 그래서 사람들은 새롭게 생동하는 기분을 잠시 향유하다 그만두거나, 아니면 들키지 않게 주의하여 부부관계에 금이 가지 않도록 애쓸 것이다.

은밀한 사랑은 가능하다. 이 사랑이 부도덕하거나 불가능한 것이 아니다. 하지만 조건이 있다. 은밀한 사랑을 하기 위해서는 조화로운 부부관계를 위한 것과 마찬가지로 어느 정도 인간적인 성숙이 필요하고, 합리적이고 이성적이며, 한계를 받아들일 준비가 되어 있어야 한다. 또 이로 인한 다른 사람의 고통을 이해할 수도 있어야 한다.

만일 은밀한 사랑의 당사자가 부부관계보다 이것을 더 중요한 가치로 발전시키려 시도하거나 부부관계의 영역을 침범하려 든다면, 이 밀애는 상당히 위험한 상황에 처하게 될 것이다.

아내와 이혼하고 싶은 생각이 있지만, 막상 그렇게 했을 때 아내가 자살을 시도하거나, 아이들을 빼앗거나, 혹은 회사에 찾아와 난동을 부릴지도 모르기 때문에 이혼하기 어렵다고 말하는 남자라면, 이런 사람은 은밀한 사랑을 나누기에 적절한 자가 아니다.

이런 상황은 매우 위험하다. 왜냐하면 이런 류의 사람은 배우자를 비하시킴으로써 자신이 다른 사람을 사랑하고 있다는 환상을 품기 때문이다. 괜찮은 배우자가 엄연히 존재한다는 사실을 부인하지 않아야 상대로서의 그의 가치도 따져볼 만한 것이다. 이런 남자는 보통 아내와 부부관계를 전혀 갖지 않으며, 곧 이혼할 예정이라는 등의 거짓말을 한다.

또 사랑하거나 서로 떨어질 수 없기 때문에 함께 사는 것이 아니라, 다른 외적인 이유 때문에 결혼생활을 유지하는 커플이라면 대부분 애초에 외도할 생각까지는 없었다고 말한다. 이들은 완전한 것, 지속적인 것, 전체를 포괄하는 것, 사라지지 않을 안전한 것을 원하기 때문이다.

이처럼 다양한 환상을 지니고 있는 사람들을 도와줄 수 있는 방법이 무엇일까 다시금 묻지 않을 수 없다. 이들은 새로운 사람을 만나더라도 끝내 자신의 소망을 충족시키지 못할 것이 뻔하다. 이렇게 된 근본적인 원인은 상대를 현실적으로 보지 않고 이상적으로 그리기 때문이다.

이렇듯 현실적인 사고가 어려운 사람, 즉 지금의 배우자가 과거에는 갈망의 대상이었지만 현재는 자신에게 무가치한 존재라고 생각하는 사람, 그런 그에게 새로운 대상이 나타났을 때 과연 그 사랑을 이룰 수 있겠느냐고 질문하면, 이들은 묵묵부답, 아무런 대답을 하지 못한다.

# 제 2장

# 질투는 왜 감정적인가

질투란 상실에 대한 두려움에서 생겨나는 감정이기도 하므로
질투심이 센 사람은 상대와 이별할 생각만 해도 부들부들 떨게 된다.
질투하는 사람은 싸우고, 비난하고, 상대에게 벌을 주고,
복수를 계획할 만큼 강하지만 반면에 약한 면도 있어서
자신의 길을 혼자 가지 못한다.

〈질투〉, 뭉크 Edvard Munch, 1863~1944

간통한 남자와 여자는 돌로 쳐죽이라는 모세의 율법이 더이상 통용되지는 않지만, 오늘날까지도 미묘한 형태로 그 흔적이 남아 있다. 현대인은 필요한 경우 모세의 율법과 비슷한 주장을 펼친다. 다시 말해 도덕을 설파하려는 의도는 없지만, 바람 피우는 사람들을 여전히 도덕적으로 비난하고 있다는 뜻이다.

할리우드의 멜로드라마를 한번 보기로 하자. 남편이나 아내가 바람을 피우고 있다는 고통스러운 사실을 알게 되면, 배우자는 즉각 가방을 챙겨 집을 떠나버린다.

물론 현실은 영화와 다를 수 있지만, 스크린이나 텔레비전에서 흔히 볼 수 있는 원시적 해결방법은 설득력이 있어서 시청자에게 큰 영향력을 행사한다.

이때 어떻게 행동해야 배우자를 기만하지 않는 것인지

분명하게 말해줄 권위 있는 기관이나 단체는 사실상 없다. 결국 보다 실천력이 강한 사람들끼리 규범을 만드는 셈이 될 것이다. 때문에 거짓말과 마찬가지로 질투를 판단할 때도 상식적인 선에서 생각하기보다는 주창자의 의견에 좌우되는 함정에 빠지기 쉽다.

"당신이 나를 진심으로 사랑한다면, 내가 재미를 좀 보는 것쯤 눈감아줄 수 있잖아? 사실 당신에게 해가 될 것도 없는데 말야."

"당신이야말로 진정으로 나를 사랑한다면, 그따위 여자랑 시시하게 바람 피우는 것쯤 포기할 수 있잖아. 그 여자가 나한테 얼마나 큰 상처를 입혔는지 당신도 잘 알면서 그런 말을 할 수 있어?"

결론이 나지 않을 이런 식의 싸움이 계속된다면 사랑의 감정은 상처를 입을 수밖에 없다.

질투는 어리석은 감정이 아니고, 이성적으로 다룰 수 없는 감정도 아니다. 하지만 이 감정은 현대사회라는 특성으로 말미암아 문제를 안게 되었다. 왜냐하면 질투라는 말을 사용할 경우 대부분은 단순한 성관계를 넘어 그 이상의 뉘앙스를 포함하고 있기 때문이다.

다시 말해 오르가슴을 느꼈다던지, A라는 사람과 성관

계를 맺은 후 B, C, D와의 차이를 명확하게 꼬집어낼 수 있는지 따위를 실험할 때라면 질투라는 단어를 사용하지 않는다.

기본적으로 성관계라는 것은 아이를 낳기 위한 행위이므로, 관계를 맺은 두 사람은 서로 보호해주는 관계로 발전하고 싶다는 의지를 떨쳐버리기 힘들다.

현대인은 굳이 고향이 아니어도 어디서든 살 수 있으므로 누구에겐가 보호받는다는 느낌을 더욱 절실히 필요로 한다. 섬이나 촌락, 계곡 같은 곳에 사는 사람들은 할아버지가 세례받았던 교회가 있는 곳, 즉 고향이라는 세계에서 산다. 그러나 벌집 같은 대도시에 사는 사람들은 함께 식사하고 잠잘 수 있는 인간에게서 고향을 찾는다.

고향이 너무 좁고 답답하다며 훌쩍 떠나버린 사람들이 대가를 톡톡히 치르고 있는 셈이다. 하지만 타향에서 만난 애인이어도 완벽한 조건을 충족시킬 경우에만 고향의 안정감을 느끼게 될 것이다.

현대사회를 사는 사람들은 이상적인 사랑을 꿈꾸다가 동일한 이상을 추구하는 상대를 만나 연애하고 이 사랑에서 안정감을 얻는다. 안정감을 얻기까지 두 사람은 서로 오랫동안 사랑해야 할 것이다. 아니면 이상적인 상대라는 환상에서 벗어나는 과정을 길고 고통스럽지만 함께 극복해야 한다. 이 길은 서로 도와줄 때만 성공으로 이어질 수 있다. 이 과정을 성공적으로 통과하면 두 사람은 결혼하고 아이를 낳고, 때로 다투기도 하겠지만 그래도 상대를 계속 신뢰하면서 살아갈 수 있을 것이다.

아달베르트 슈티프터(Adalbert Stifter)의 소설 『늦여름』은 사랑에 빠진 연인이 서로에게 실망하게 되지만, 그 시점에서 다시 시작한다는 이야기를 다루고 있다.

늙은 정원사는 자신의 나이만큼 오래된 선인장이 있는 온실로 주인공 하인리히를 데려간다. 가시가 돋아 줄기조차 잘 보이지 않지만 꽃을 피우고 있는 선인장의 모습은 바로 사랑하는 현대인을 암시하고 있다. 즉, 이들은 사회적·정신적 뿌리를 박탈당한 상태지만, 그래도 다시 뿌리를 내리고 꽃을 피우는 것이다.

남녀간의 질투는 안정을 원하는 인간의 욕구를 이해하지 못할 때 흔히 발생한다. 두 사람이 서로 다른 조건에서 안정감을 느낀다면, 그 차이점을 이해하고 공통의 합의점을 이끌어내기란 여간 어려운 일이 아니다.

어떤 상황에서 질투를 느끼는 것은 당연한 감정일 수 있고, 또 이러한 감정이 두 사람의 관계에서 건강한 효과를 가져올 수 있다고도 생각한다. 그러면 서로 받아들일 수 있는 질투의 한계를 협상할 가능성이 생긴다.

하지만 극단적으로 질투하게 되면, 가령 지금까지 사랑하던 사람이 자신을 배신했다는 사실을 안 순간부터 상대를 마치 괴물 대하듯 한다면, 이때부터 서로 타협할 수 있는 기반이 사라지는 것이다. 또한 상대가 질투할 때 자신은 그런 짓을 하지 않았다며 유치하게 발뺌하거나, 소유욕에 사로잡혀 거칠게 반응하는 사람이라면 타협할 자세가 전혀 되어 있지 않은 자이다.

반면 이런 극단적인 태도에 의문을 갖는 냉철한 사람이라면 이 위기에서 해결책을 찾을 수 있을 것이다.

어떤 결과 또는 어떤 서비스이든 대가를 담보해야 하는 현대사회의 특성상, 우리는 사랑에 대하여도 서로 보호하고 무조건 사랑하며 죽을 때까지 보살피겠다는 약속을 하게 되었다.

하지만 '우리'라고 말할 수 있을 만큼 가까운 관계는 아무리 서로 보호하고 아끼더라도 틈이 벌어질 수밖에 없다. 상대를 얼마나 미화시키고 이상적인 사람으로 생각하는지에 따라 정도의 차이만 있을 뿐이다.

이 틈이란 경우에 따라서는 자동차 차체에 슨 녹일 수

있고, 제트기의 객실에 난 구멍, 혹은 우주선이 입은 아주 작은 피해일 수도 있다.

자동차에 녹이 슬어버린 경우라면 곧 비가 샐 것이다. 그러면 자동차의 가치는 단번에 떨어진다. 그래도 주인이 아무런 조치를 취하지 않는다면, 손해는 상당한 액수에 달할 것이다.

항공기의 경우 심각한 사고를 일으킬 수 있다. 승객들이 호흡장애를 일으킬 수 있고, 또 조종사가 즉각 대응하지 않는다면 비행기는 추락할 위험마저 있다. 마지막으로, 그 틈이 우주선이 입은 피해라고 가정한다면, 그 상처가 아무리 미세할지라도 우주선은 폭발해버릴 것이다.

질투는 사랑하는 남녀 사이에 갈등이 생겼다는 신호이다. 이 위험신호는 나의 욕구를 구체적으로 채워주던 애인을 잃어버릴지 모른다는 두려움의 수준을 훌쩍 뛰어넘는다. 때문에 다음에 인용할 『데카메론』에서 주인공이 제시하는 주장조차도 질투로 고통당하는 사람들을 충분히 위로하지는 못할 것이다.

이 이야기는 『데카메론』의 엿샛날 일곱번째 이야기이다.


먼 옛날 파트로라는 지방에 사람들의 불평불만이 가득한

엄격한 법이 시행되고 있었다. 만일 남편이 아내가 외도하는 현장을 목격하게 되면, 아내를 몸 파는 여자처럼 화형에 처할 수 있다는 법이었다.

이 법이 유효하던 시절, 파트로 지방에는 필리파라는 아름다운 여인이 살고 있었다. 그녀는 리날도의 아내였지만, 그만 교양 있는 젊은 기사 라자리노와 사랑에 빠지고 말았다. 그러던 어느날 침실에서 사랑의 행각을 벌이던 이들은 그녀의 남편에게 현장을 들키고 말았다.

순간 리날도는 아내를 죽이고 싶을 만큼 분노했으나 이를 꾹 참았다. 자신의 손이 아닌 법이라는 칼날로 아내를 죽이고 싶었던 것이다. 다음날 아침 그는 충분한 증거를 갖추어 정식으로 아내를 법정에 고소했다.

사랑에 빠진 연인에게 흔히 볼 수 있듯이, 숙녀 필리파 역시 친구와 친척들의 만류에도 불구하고 용감하게 법정에 나가겠다고 결심하였다.

주위 사람들에게 비난받고 도망친다면, 지난 밤 그 품에 안기었던 애인에게 상처주는 일이 되므로, 차라리 진실을 당당하게 밝히겠다고 마음먹은 것이다.

그녀는 수행원과 함께 판사 앞에 나가서 조금 당돌하지만 침착한 목소리로 자신에게 무엇을 원하는지 물었다.

그녀의 말과 행동에는 아름다움과 정중함, 그리고 뛰어난 지성이 넘쳐 흘렀다. 그녀의 이런 모습에 판사는 동정심을 느끼고 말았다. 사실 두 사람의 죄를 보호해주고 싶었던 판사는, 필리파가 진실을 고백하는 바람에 어쩔 수 없이 자신의 손으로 사형선고를 내리게 되는 상황을 염려했다. 그러나 판사는 그녀에게 죄를 묻지 않을 수 없었다.

그는 어렵게 말문을 열었다.

"부군 리날도는 부인이 외도하는 장면을 목격했다고 말했습니다. 그리고 사형을 요구했지요. 이제 부인의 진술이 필요합니다. 깊이 생각해보고, 남편의 고소가 정당한지 대답하시오."

그녀는 놀라는 기색 하나 없이 대답했다.

"판사님, 저는 남편 리날도가 문제의 그날 밤 라자리노의 품에 안겨 있는 저를 보았다는 사실을 결코 부인하지 않겠습니다. 저는 라자리노를 너무나 사랑했기에 자주 그의 품에 뛰어들었지요.

하지만 판사님도 아셔야 할 것이 있습니다. 모름지기 법이란 그것을 지켜야 하는 사람들의 동의를 거쳐서 시행되어야하는 걸로 압니다. 그런데 현재의 이 법은 남자들에게만 일방적으로 유리하게 되어 있어서, 불쌍한 여자들만 희생당하고 있습니다. 이 법에 동의한 여자가 한 명이라도 있었던가요? 아니, 여자들에게 이 법에 대해 물어본 적이나 있었습니까? 이렇듯 이 법은 부당하지만, 저는 이 법으로 인해 손해볼 준비가 되어 있습니다.

하지만 판사님께 부탁드릴 것이 있습니다. 선고를 내리기전에 저의 남편에게 한 가지만 질문해주십시오. 그가 저를원할 때 한번이라도 제가 거부한 적이 있었던지 말입니다."

판사가 묻기도 전에 남편 리날도는 그런 적이 단 한번도 없었다고 대답했다.

그녀는 계속 말을 이었다.

"좋아요, 그렇다면 존경하는 판사님께 한 가지만 더 질문 하겠습니다. 남편이 저를 원할 때마다 저는 그에 응했습니다. 그러고도 열정이 남아 있다면, 그럴 때는 어떻게 하는 것 이 좋겠습니까? 개에게라도 던져줘야 할까요? 열정을 죽여 썩게 만드느니 차라리 사랑하는 기사에게 바치는 편이 더 낫지 않을까요?"

이 유명한 여인에 관한 재판이 열리던 날, 파트로에 사는 사람들은 대부분 구경을 위해 법정에 모여들었다. 이들은 그녀의 점잖은 질문에 웃음을 터뜨렸으며, 예외없이 그녀에 게 박수갈채를 보냈다. 그러자 판사는 즉석에서 부당한 법 을 개정하자며 제의했고, 마을 사람들 역시 이에 동의했다. 앞으로는 여자가 돈을 탐내서 남편 몰래 매춘할 경우에만 이 법을 적용하기로 했다.

자신의 계획이 바보스러웠다고 수치심을 느낀 리날도는 곧바로 법정을 떠났고, 그의 아내는 마을 사람들이 보내는 존경의 눈빛을 받으며 유유히 집으로 돌아갔다.★

이 이야기는 중세시대의 신권정치가 막을 내리고 개인 들 사이에 사회계약**의 시대가 등장했음을 알려준다. 게

★ 지오반니 보카치오Giovanni Boccaccio(1313~75), 『데카메론』, 빌 헬름 골트만 출판사, 1955, PP. 290~3.

「데카메론」의 한 장면 중에서, 워터하우스 John William Waterhouse, 1849~1917

다가 경제적인 인식의 변화도 관습에 파고들었다. 다시 말해, 쾌락과 실용성을 추구하는 합리주의가 등장하면서 관습의 영역에서도 합리성을 적용할 방법을 모색하게 된 것이다(매춘하는 여자를 사형시키는 관례가 여전히 남아 있었기 때문이다).

『데카메론』은 시민화 과정★★★이 진행될 즈음, 외도한 여자들을 차별대우하는 것이 정당한지 봉건영주의 아내가 의문을 제기하고 있다. 즉, 귀족이 도덕적인 변화의 선도자 역할을 담당하고 있는 모습을 엿볼 수 있다. 필리파 역시 남편 리날도에게 복종했지만 다른 남자들의 마음을 움직여서 여자의 인권을 인정하도록 만들었다.

바람을 피우다가 그 사실을 남편이나 아내에게 들킨 현대인이라면 파트로의 법정이 한없이 부러울 것이다. 현명한 숙녀 필리파를 계기로 엄격하던 법이 수정된 그 법정 말이다.

물론 은밀한 사랑을 나눈 현대인일지라도 법정에 출두

---

★★ 보카치오로부터 영향받은 사상을 18세기 들어 비로소 루소가 체계적으로 정립했다. 즉 법이란 법의 치하에 사는 사람들에게 봉사해야 하며, 시민의 합의를 통해서 수정될 수 있다는 사상이다.

★★★ 노르베르트 엘리아스Norbert Elias, 『시민화 과정』, 수어캄프 출판사, 1973.

하여 공공연하게 심판받지는 않지만, 대신 스스로에게 밀애에 대한 죄와 책임의 칼날을 들이댈 것이다.

그리고 이들은 배우자로부터 충족시킬 수 없었던 욕구를 다른 사람에게 얻으려고 외도했다는 주장을 필리파처럼 당당하게 말하지 못한다. 제3자로부터 만족감을 얻은 사실에 대하여 죄책감을 느끼는 이들은 배우자와의 관계가 악화될지도 모른다는 두려움에 빠져 있기 때문이다.

질투하는 남녀관계란 심리학적으로 '공생하는' 관계라고 표현할 수 있다. 공생이란 인간의 심리발달 과정에 있어 아이들이 어머니와 맺는 최초의 관계*이다.

아이는 어머니를 자신과 분리된 존재가 아닌 자신의 한 부분으로 체험한다. 그런가 하면 어머니는 아이가 어떤 상태인지, 무엇을 느끼고 원하는지 확실하게 알고 있다. 예를 들면 어머니는 이렇게 말한다.

"자, 이제 자러 가자, 우유를 먹어야지, 이제 목욕할 시간이구나."

사랑하는 사람들이 맺고 있는 관계를 여러 유형으로 구분해보면, 어머니와 아기처럼 우리는 서로 '헤어질 수 없는

---

★  마르그레트 말러 Margret Mahler, 『공생과 개성화』, 피셔 출판사, 1972.

관계'라고 상정하는 부류가 있다. 물론 우리가 어린시절 어머니와의 공생관계를 생생하게 기억하지 못하므로 단순히 그럴 거라고 추측하는지도 모르겠다.

사랑하는 사람과 관계를 공생으로 간주하는 사람은 늘 배우자를 의식의 한켠에 두고 있다. 그래서 중요한 일은 무엇이든 함께 해야 하며, 재미있는 것 역시 함께 나누어야 한다고 생각한다.

이들은 배우자와 함께 하는 시간보다 더 아름다운 시간은 없으며, 배우자와 함께 나누는 대화보다 더 즐거운 대화는 없고, 배우자와 함께 하는 성생활보다 더 황홀하고 멋진 관계는 없다고 생각한다.

이상적인 자아상과 현실의 자신 사이에서 차이가 많이 나는 사람일수록, 즉 자신감이 없는 사람일수록 상대와 공생하려는 소망을 강하게 나타낼 수 있다.

개별적으로 그런 사람을 상담해보면 원인을 쉽게 파악할 수 없을 때가 많다. 자신에게 자부심을 가질 수 있는 타인의 인정(사랑, 칭찬, 성공 등)을 너무 적게 받아서 그런지, 인정은 받지만 스스로 받아들이지 못하는 까닭에 강한 공생관계를 맺으려는지 구분하기가 쉽지 않다.

문제가 생겼을 때도 평균 정도의 성적을 내는 보통 사람이나 항상 1등을 해야 만족스러운 사람들과는 다른 방식으로 해결한다. 이런 사람들은 시험을 쳤을 때 우수한 성적이 아니더라도 시험에 합격했다는 사실만으로 어느 정도 만족스러워한다.

셰익스피어는 뛰어난 통찰력으로 『오셀로』라는 작품을 완성했다. 그는 다수의 백인 가운데 불안정한 지위를 차지하고 있던 흑인이 자신의 백인 아내를 불신하게 되기까지 그 과정을 이 작품에서 탁월하게 묘사하고 있다.

오셀로는 자신의 실력으로 당당하게 높은 지위까지 오를 수 있었다. 하지만 자신을 사랑하고자 하면 어느 틈엔가 자신에 대한 불신이 엄습하고는 했다. 온갖 전략을 짜내어 전투를 승리로 이끌던 장군 오셀로였지만, 자신의 사생활에 침입한 음모가에게는 그만 속아 넘어가고 만다.

평소 우리가 안전하다고 믿는 관계일지라도 자세히 들여다보면 그 믿음은 환상에 불과하다. 사랑하는 사람이 내일 죽을 수도 있고, 다른 사람을 사랑할 수도 있으며, 편지를 가지러 나가서 영영 돌아오지 않을 수도 있다.

하지만 인간이라면 아무리 노력하여도 이런 환상에서 벗어나기가 여간 힘들지 않다. 또 그래서도 곤란하다. 왜냐하면 질투심이란 한 인간의 내면에서 일어나는 심리적인 단면으로, 상대를 절대적으로 믿을 수 있다는 환상이 깨어지기 시작하면서 고개를 드는 정서이기 때문이다.

흔히 질투심이 강한 사람은 그렇지 않은 사람에 비해 뛰어난 재능을 지닌 경우가 많다. 즉 일의 전체적인 맥락을 파악하는 능력이 있다든지, 실천력이 우수하여 쉽게 다른 사람을 능가한다. 하지만 잘 드러나진 않지만 이런 사람들은 대부분 남녀 역할에 있어 자신감을 갖지 못한다.

다시 말해, 자신에게 성적 매력이 있다고 생각하지 않을 뿐 아니라 자신에게 타인을 사랑할 능력이 있는지조차 의심한다. 따라서 이들이 가장 필요로 하는 것은 상대가 자신을 이상적으로 미화시켜주는 칭찬이다.

달리 표현하면, 무조건 자신에게 감탄하면서 자신만 사랑해주고, 어떤 일이 있어도 자기편이 되어주는 파트너가 필요한 것이다. 즉 질투하지 않고 사랑할 수 있는, 마치 부모나 형제처럼 믿을 수 있는 사람을 원한다.

질투하는 이들은 성적인 욕구를 충족시키기 위해, 또는 애정과 사랑을 나누기 위하여 애인이 필요한 것이 아니다. 이들은 자신이 원하는 단 하나의 욕구를 충족시킬 수 있다면 그밖의 모든 것들, 예를 들어 두 사람이 사랑에서 얻을 수 있는 사소하지만 즐거운 모든 것들을 기꺼이 희생할 준비가 되어 있다.

'단 하나'란 바로 부족한 자신감을 상대로부터 얻고자 하는 욕구이다. 평균적인 성인이라면 파트너가 자신에게 해줄 수 있는 것이 무엇인지 쉽게 추론할 수 있는데 비해, 질투에 빠진 이들은 종종 이 사실을 잊어버린다.

또 이들은 어린시절의 정신상태로 퇴행하여 고통을 당한다. 심한 경우에는 자신의 고통과 공포를 전혀 표현하지 못해 힘들어하다가 자신과 상대를 동시에 죽임으로써 문제를 해결하거나, 상대방을 극도로 괴롭혀서 결국 그(그녀)가 떠나가버리게 만든다.

질투하는 사람은 상대가 자신을 속인 순간이나, 속일지 모른다며 두려워하는 때에도 자신을 이상적으로 미화시켜 주는 상대를 결정적으로 포기하지 못한다.

그래서 상대를 계속 붙들고는 있지만 그(그녀)가 지금까지 해온 역할을 계속 수행하도록 내버려두지도 않는다. 이들은 자부심이 너무 강해서 그렇게 하지 못한다.

리날도는 아내 필리파를 법정에 세웠다. 그러나 젊고 교양 있는 아내의 애인이 자신의 아름다운 아내가 부정한 짓을 저질렀다고 말하도록 내버려두지 못했다.

"잘 안 되는 사업을 혼자서 이끌어 나가느니, 차라리 잘 되는 사업에서 지분의 반을 갖겠어."

질투하는 사람은 명예욕이 강해서 절대 이렇게 말하지 않는다. 이들은 대기업에서 2인자가 되기보다 수익이 적더라도 혼자서 중소기업을 운영하려고 한다.

질투에 빠지지 않는 방법 가운데 이런 것도 있다. 이를테면 사랑하는 사람이 나를 속이기 전에 내가 먼저 떠나버리는 것인데, 이것도 괜찮은 전략이 될 수 있다. 이 전략을 구사하는 사람은 상대와 감정적인 갈등이 생겨 헤어지는 것이 아니라, 일단 정복한 상대에게는 흥미를 잃어버리기 때문에 떠나는 것이다.

돈 주앙의 경우, 정복한 여자는 자신의 리스트에서 지워버렸고, 언제나 정복하지 못한 여자들을 갈망했기에 행여 질투심을 느낄 시간이 없었다. 그는 무언가 잃어버릴 것을 두려워할 정도로 여자와 오래 사귀지 않았다.

비슷한 경우로, 자신을 냉담하게 거부하는 남자만 열정적으로 원했던 카르멘은 자신에게 연정을 불태우는 남성에게는 눈길조차 주지 않았다.

질투란 상대에 대한 지나친 애착에서 비롯되는 감정이므로, 사랑하는 사람을 붙잡기 위해서라면 애초에 두 사람의 관계를 이상적으로 설정해서는 안 된다. 때문에 사랑한다면 모든 것을 함께 나누고, 항상 진실해야 한다고 믿는 사람이 오히려 사랑을 놓치기 쉽다.

또한 질투란 상실에 대한 두려움에서 생겨나는 감정이기도 하므로, 질투심이 센 사람은 상대와 이별할 생각만 해도 부들부들 떨게 된다. 질투하는 사람은 싸우고, 비난하고, 상대에게 벌을 주고, 복수를 계획할 만큼 강하지만 반면에 약한 면도 있어서 자신의 길을 혼자 가지 못한다.

때문에 이들은 힘이 들더라도 사랑하는 사람을 다시 자신의 손아귀에 넣고 싶어하며, 과거의 좋았던 시절로 되돌아가고자 헛된 희망을 품는다.

질투에는 두 가지 종류가 있는데, 어리석은 질투와 이성적인 질투가 그것이다. 어리석은 질투를 하는 사람은 사랑에 쉽게 만족하고 신뢰를 보내지만, 일단 상황이 꼬이면, 의미 있는 부분을 더이상 공유하려 들지 않고, 두 사람 사이에 놓인 배반과 상실, 그리고 불신만 증폭시킨다. 그는 자신은 상대방을 사랑하는데 상대는 자신을 절실히 원하고 있지 않다는 점에 증오심을 품는다.*

반대로, 질투를 이성적으로 조절할 수 있는 사람은 배반당했다고 느끼는 순간 바로 헤어지지 않고, 이 상황을 극복 ─ 자주 부적절한 수단을 통해서 ─ 하고자 노력한다.

질투하는 사람은 자신이 자백을 강요하는 것보다 상대가 침묵하는 것이 더 나쁘며, 배우자의 외도보다 그(그녀)의 거짓말이 더 나쁘다고 본다. 또한 그들은 모든 것을 솔직하게 고백하면 자신의 마음이 조용히 가라앉아 분노를 삭일 수 있다며 외도의 세세한 내용까지, 그러니까 성적인 흥분이나 성교의 자세까지 낱낱이 말하라고 강요한다.

하지만 이들은 배우자 또는 애인으로부터 정보를 알아내기 위해 그렇게 약속하는 것일 뿐, 실상 약속을 지키는 경우는 매우 드물다. 즉 자백하면 풀어주겠다고 범인에게 약속하지만, 막상 자백을 받고 나면 언제 그랬냐는 식으로 나오는 형사와 비슷한 속임수를 쓰는 것이다.

한편, 질투의 대상이 되는 인물의 심리적 메커니즘은 분명하지 않다. 이들은 배우자나 연인이 달래고 윽박지른다고 해서 자신의 외도를 실토하지 않는다. 오히려 이들의

---

★  이 질투는 앞에서 예화로 본 『데카메론』에 나오는 리날도의 질투로, 그는 질투할 만한 상황에서 비이성적인 복수를 시도했다.
드문 경우이긴 하지만 상당히 다루기 힘든 질투증도 있다. 동성애적인 성향이 있는 남자가 아무 죄 없는 여자를 의심할 때인데, 자신은 기회만 주어지면 곱상한 웨이터와 놀아나면서 오히려 자신의 아내가 바람을 피운다고 의심하는 것이다.
일반적으로 잘 알려진 경우는 알코올 중독자가 보여주는 질투증인데, 이들은 흔히 자신의 성기능이 약화되어 질투하는 마음이 된다.

대부분은 상대로 하여금 질투를 불러일으키도록 허술한 실수를 저지르기 마련이다.

말하자면 비밀스럽게 행동하는 가운데 상대가 눈치챌 수 있도록 실수하는 것이다. 마치 형사의 의심을 살 줄 뻔히 알면서 현장에 실마리를 남겨두는 범죄자처럼, 이들은 수치심을 느끼고, 벌을 받고, 자백해야만 하는 상황을 일부러 연출하는 것처럼 보인다.

사랑이라는 범죄를 저지르는 자들은, 자정에 문 닫는 사실을 누구나 알고 있는 술집에 새벽까지 있었다고 주장한다. 혹은 더블침대에서 묵은 호텔비용 영수증을 보란 듯이 책상 위에 두는가 하면, 비행기 좌석을 두 자리 예약해두고선 배우자에게 확인전화를 부탁하기도 한다.

이들은 한밤중이 지난 시간에 집에 돌아오면서도 질투하는 배우자가 깊이 잠들어 있기를 기대한다. 더욱이 책상서랍에 넣어둔 일기장, 약속시간을 적어둔 수첩, 연애편지 등이 결코 발각되지 않으리라고 확신까지 할 정도이다.

질투하는 사람이 아주 즐겨 입에 올리는 말은 믿음이다. 그런데 이들이야말로 부부로서, 또는 연인으로서 과연 신뢰감 있게 행동하는 것일까? 감추어둔 상대방의 편지나 일기장을 몰래 읽지도 않을 만큼 이들은 배우자에게 관심이 없으며, 또 믿지도 않는다.

일부다처제적인 성향의 배우자를 둔 많은 여성(남자는 아주 드물다)을 상담하면서, 왜 현대인이 질투라는 감정을 처리하는데 그토록 미숙한지 원인을 생각해보았다.

실제로 일부다처제였던 수렵문화와 유목문화에서 살았던 사람들은 우리보다 질투의 감정을 좀더 능숙하게 다룰 줄 알았다. 물론 이슬람문화에서는 지금도 일부다처제의 전통이 어느 정도 남아 있다.

개인주의가 지배하는 현대사회에서 질투심이 난무하는 원인 중 하나는, 남녀 모두 경제적·사회적 규범에 더이상 얽매이지 않기 때문이다. 사실 경제적·사회적 규범은 질투심을 억제시키는 기능을 해왔다.

전통적인 사회에서 질투는 아주 잘 알려진 감정이었다. 그것은 드라마틱한 행동을 유발함으로써 증오심을 불러일으키는 것은 물론 잔인한 결과도 가져왔다(『천일야화』에 나오는 이야기에서 잘 알 수 있듯이). 한편 자율적으로 행동할 수 있지만 감정에 종속되어 있는 현대인은 질투라는 감정을 어떻게 처리해야 할지 난감하기만 하다.

이처럼 행동과 감정 사이에 벌어진 간격을 그대로 방치하기에 남자들은 너무 막강하고, 여자들은 너무 예속되어 있다. 때문에 현대사회에서 펼쳐지는 질투의 장면을 보면, 여자는 물론 남자까지도 사랑하는 사람에게 매달리며 호소하는 동시에 상대방의 파괴를 원한다.

이들은 배우자에게 외도의 사실을 자백하라고 강요하지만 실상 고백을 들으면 고통스러워하고, 애정에 굶주려 있음에도 불구하고 상대의 사랑을 거부한다.

회교도 남자가 네번째 아내를 맞아들일 경우, 그는 다른 아내들이 불평하지 않도록 배려한다. 만일 그가 여러 아내들 중 어느 한 사람이라도 소홀하게 대하면, 바로 그의 명성에 누가 되기 때문이다. 또 아내의 친정으로 불려가 추궁당하게 된다.

세번째 아내에게 남편이 더 젊은 아내를 맞았으니 그의 곁을 떠나야 할 때가 되지 않았냐고 묻는 것은 아주 바보스러운 질문이다. 그녀는 이것이 자신의 운명이라는 사실을 잘 알고 있다.

그녀도 한때 가장 젊은 아내였고, 그녀보다 나이 많은 부인들에게서 중요한 것을 빼앗았던 전력이 있다. 또한 그녀는 다른 부인들 역시 남편이 새로 맞이한 여자로 인해 얼마나 고통스러운지 잘 알고 있다.

같은 처지에 놓인 그녀들은 남편의 성기능이 예전보다

훨씬 약해졌으며, 새로 들어온 아내는 먼저 들어온 자신들보다 턱없이 부족한 사랑을 받을 것이라고 쑥덕거리면서 위안을 삼는다. 운이 좋은 경우, 새로 들어온 아내가 금방 임신이라도 하면 그녀는 한동안 다시 남편의 총애를 받을 수도 있다.

이처럼 전통적인 일부다처제 사회에서의 가장은 제트기로 유람 다니는 서구의 부유한 플레이보이와는 아주 다르다. 이들은 자신이 거느리고 있는 모든 아내를 문제 없이 부양해야 할 경제적 책임을 지고 있다.

이런 삶의 조건에서 남녀관계는 경제적인 가치에 크게 지배당한다. 남자는 물론 여자까지도 사랑이 식더라도 무난하게 살아갈 수 있다는 뜻이다. 현대인은 주로 사랑이 행복의 원천이라고 믿고 있지만, 이런 생각은 여러가지 측면에서 금방 환상으로 드러나기 마련이다.

현대인은 전통적인 사회의 남녀관계가 여자에게 너무 가혹하고 부당하다고 생각한다. 그러나 당시의 사람들은 그같은 상황에 익숙해져 있었기 때문에 요즘 사람들처럼 질투 문제로 고민하지 않았다.

즉 남녀관계를 이상적으로 보는 현대의 여자들과 달리 전통적인 문화의 여자들은 나만을 사랑하는 사람, 완벽하게 만족스러운 관계, 결코 이기적이지 않은 남자―요즘 안방에서 주부를 대상으로 방영되는 멜로드라마에서 자주 볼 수 있는 이런 관계는 현대인의 머릿속에 반복하여 환상을 주입시키고 있다―가 존재한다고 믿지 않았고 기대조차 하지 않았으므로, 이에 따르는 고통도 느낄 필요가 없었던 것이다.

전통사회의 평범한 가정에서 다음처럼 말하는 것은 지극히 당연한 이성적인 태도였다.

"내 아내는 정숙하지도 않고, 그다지 매력적이지도 않지만 일은 잘 합니다. 우리는 함께 노력해서 힘닿는 데까지 자식들을 잘 키우려고 합심하지요."

그러나 오늘날 어떤 부부가 이런 식으로 말한다면, 그들 사이에 심각한 문제가 있다고까지 보지는 않더라도 상당히 냉소적으로 들릴 것이다. 사랑에 대한 인간관계가 문화적인 배경과 관련이 있고, 사회문화적 배경과 동떨어져 존재할 수 없는 까닭에 누군가 전통사회의 가족처럼 말했을 때 냉소적으로 들리는 것은 너무나 뻔한 이치다.

만일 현대의 어떤 어머니가 어쩔 수 없이 일부다처제적인 상황을 받아들이고 있다면, 아들은 자신의 어머니가 자존심이 없다며 괴로워할 수 있고, 딸은 아버지의 복잡한 여자관계에 치를 떨지도 모른다.

질투의 한계를 정하지 않고, 질투를 조장하며, 또 인정까지 해주는 사회적인 분위기가 이룩된 데에는 또다른 이유가 있다. 그것은 바로 현대인이 친밀한 관계에 두려움을 느끼고 있다는 점이다.★

경쟁을 중요시하며 능력 위주의 사회를 살고 있는 현대인은 감정이나 정서에 관한 것까지도 능력이라는 기준으로 평가하려 들기 때문에 두려울 수밖에 없다. 즉 충분히 사랑받지 못하는 사람은 가치가 없고, 뜨거울 정도로 열렬하게 사랑하지 못하는 사람은 비난받아 마땅하다고 보는 경향이 있다.

능력을 중요시하는 사람은 자신이 이루어놓은 것들을 늘 체크한다. 그러므로 그가 능력이라는 잣대로 감정관계를 파악하게 되면, 사랑하는 사람마저 감시하고 통제하게 된다. 또 통제하고자 하는 욕구는 자신도 그 통제에 종속시키려는 욕구와 함께 작용한다.

따라서 현대인이 상상하는 사랑의 유형에는 카르멘이나 돈 주앙뿐 아니라, 심지어 마르키스 드 사드나 레오폴드

---

★ 볼프강 슈미트바우어 wolfgang schmidbauer, 『친밀해지는 것에 대한 두려움』, 로볼트 출판사, 1985.

리터 폰 자허 마조흐까지 포함된다. 사디즘과 마조히즘이라는 성도착증은 질투를 완전히 차단하는 기능이 있다.

사랑하는 여자가 다른 남자와 자는 침대 밑에서 노예나 개처럼 웅크리고 있는 모습은 마조히스트에게 가장 큰 쾌락을 준다. 반면 사디스트는 여자가 부정한 짓을 저지를 때 매우 즐거워하는데, 이렇게 되면 여자를 벌할 수 있는 권리가 생기기 때문이다.

질투심이 발생한 상황에서 전문가의 도움이 가장 먹히기 힘든 유형은 사디스트적 환상과 마조히스트적 환상조차도 억제하려는 사람들이다. 이들은 상대방을 결코 용서하지 않지만 그렇다고 해서 벌을 주지도 않고 복수하지도 않는다.

이들이 품고 있는 이상적인 배우자상(이상적인 자화상도 포함하여)은 현재 자신이 살고 있는 배우자의 모습과 전혀 어울리지 않는다. 이들이 사도-마조히스트적(학대하고 학대받는)으로 행동하고 싶은 욕구를 억제하면서 자존심을 지키려는 해법은 자살을 택하는 길이다.

이들은 자살을 통해 상대에게 복수하고 싶은 욕구와 벌 주고 싶은 욕구를 동시에 만족시키고, 또 죽어버리면 현재의 고통에서 벗어날 수 있을 거라는 희망을 갖는다.

극단적이 아닌 좀더 유연한 방법으로 질투심을 억제하는 방법도 있는데, 이것은 질투를 느끼게 만든 배우자와 성적인 일체감을 갖는 것이다. 사실 복수를 하면 스스로도 마음이 편치 않아서 배우자와 성관계를 맺고 싶은 마음이 들지 않을 수 있고 배우자 역시 거부할 수 있다.

이제 샤롯테에 대한 이야기를 해볼까 한다. 50세인 그녀는 그룹심리치료 시간에 참석하여 이런 이야기를 털어놓았다. 그녀는 남편이 자신의 동료 여교사와 사귄다고 의심하는 순간부터 남편과 성생활을 할 수 없었다고 말했다. 언제나 그녀는 남편의 일거수 일투족을 감시했고, 주말이면 무슨 일이 있어도 함께 보내려고 노력했다.

이 사건은 15년 전의 일이지만, 그때부터 그녀는 한번도 휴가를 혼자 가본 적이 없었다. 혼자 여행하는 것이 취미이지만 의심을 떨쳐버릴 수 없었던 그녀는 늘 남편과 함께 지루한 휴가를 콘도에서 보내곤 했다.

평생 남편하고만 성관계했던 그녀는 가끔씩 남편이 매춘부와 잔다고 의심했으며, 연애편지라는 의구심이 들면 남편에게 온 것일지라도 뜯어보았다고 했다.

이때 그룹심리치료의 멤버로서 잠자코 샤롯테의 말을 듣고 있던 한 여자가 질문을 던졌다. 다른 여자들은 잘 참는 일을 왜 혼자서만 그렇게 참지 못했냐고.

이 질문에 당혹스러운 미소를 짓던 그녀는 더이상 아무 말도 하지 못했다.

보카치오의 소설 속에서 필리파와 리날도가 다시 예전처럼 살려면 각각 상처받은 자존심을 극복해야만 한다. 남편 리날도는 아내 필리파에게 있어 자신이 유일한 남자가 아니며, 그녀가 남편인 자신과는 의무적으로 부부관계를 갖지만, 애인과는 진정으로 원하여 사랑할지도 모른다는 의심을 떨쳐내야 한다.

한편, 아내 필리파는 자신의 욕구를 충족시키는 일 못지 않게 결혼의 맹세도 중요하다는 사실을 받아들여야 한다. 소설 속에는 이런 의미가 암시되어 있다.

그녀는 자존심 때문에 사실을 부인하지도 도망치지도 않았다. 하지만 그녀는 두 남자 중 누구에게도 정숙하지 못했다는 점과, 스스로 외도를 자백한 것이 아니라 남편에게 들켰다는 점을 인정해야 한다. 리날도 역시 아내의 성욕을 만족시켜줄 만큼 자신의 성기능이 원활하지 않았다는 점을 인정해야 한다.

결국 필리파와 리날도는 화해하는 길밖에 다른 선택이 없으며, 드라마틱한 이 사건은 여자의 승리로 끝난다. 이

이야기는 봉건영주의 부인 밑에서 시중들던 한 하녀가 들려준 것이니 그렇게 마무리되어도 무리하지 않다.

하지만 한 전투에서 이겼다고 하여 전쟁에서 승리한 것은 아니다. 낭만적인 사랑은 부부나 연인간의 사랑이 식어버리면 죄책감을 느끼는 오늘날보다 결혼이 경제적인 공동체였던 과거에 더욱 칭송받았다. 당시의 사람들은 낭만적인 은밀한 사랑을 자신들이 추구해야 할 문화적인 귀감으로 여겼고, 심취할 수 있는 일종의 고상한 예술로 간주했다. 예를 들어 보카치오와 동시대 인물이었던 단테는 흠모하는 여인을 위해 현세뿐 아니라 지하세계와 천국까지 모두 바쳤다.

우리는 필리파와 리날도가 그후 일상을 어떻게 보냈는지 알 수가 없다. 의심을 품은 리날도는 아내가 애인을 더 이상 만나지 못하도록 방해했을까? 아니면 필리파의 입장을 이해하고 수용했을까? 그도 아니면 필리파가 예전처럼 기꺼이 자신의 품에 안기지 않을 것이 두려워서 관대하게 대했을까?

보카치오의 이야기에서 돋보이는 현대적 요소는 남녀 사이의 돌발사건을 재판관이 심판하지 않고 이를 사생활의 영역으로 넘겨준 점이다. 그렇다. 사생활이기 때문에 부부는 각각 상대에게 자신이 무엇을 원하는지, 외도가 발각되었을 때 서로 어떻게 대처하여야 다시 가까워질 수 있을지 대화하고 방법을 찾아야 할 것이다.

은밀하지 않은 사랑, 즉 결혼이 두 사람의 관계를 불안정하게 만들 수 있듯이, 은밀한 사랑은 오히려 부부관계를 안정시켜줄 수 있다. 얼핏 말장난처럼 느껴질 수도 있지만, 사실 '은밀하다'는 단어의 개념은 매우 다양한 뜻을 내포하고 있다.

11세기 이전의 독일어에서 '은밀한'이라는 단어는 집에 속하는 모든 것, 그러니까 낯선 것, 외부의 것과 반대되는 뜻으로, 익숙한 것 내지는 내부의 것을 의미했다. 그러다 12세기부터 이 단어에 '숨겨진(낯선)'이라는 의미가 첨가된 것이다.

# 제 3장

# 사랑과 비밀의 관계

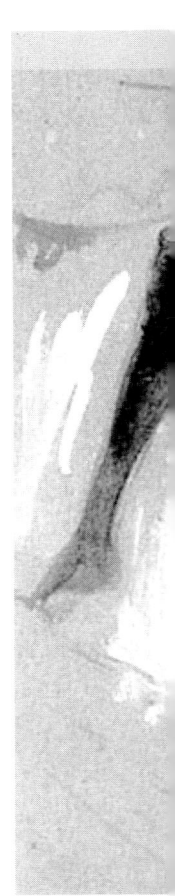

은밀한 사랑을 즐기는 사람이
철저하고 신중하게 거짓말하지 않으면,
비밀을 지키지 못할 뿐 아니라 배우자로부터
신뢰감마저 잃어버린다. 페니실린 같은 거짓말의 예술을
동원하여야 내연관계를 보호할 수 있다.

〈혼자서〉, 로트레크 Henri de Toulouse - Lautrec, 1864∼1901

누구에게나 거짓말할 권리는 충분히 있다. 나와 전혀 상관없는 사람이 내 개인적인 문제에 대하여 질문할 때, "말하고 싶지 않습니다"라고 대답하든 솔직하게 대답하든, 아무런 이득이 되지 않는 경우가 허다하다.

사실 이런 사람들의 질문은 선의가 아닌 가벼운 호기심에서 하는 것이기 때문에 거짓말로 응수해도 괜찮다.

— 아서 쇼펜하우어, 『도덕의 기초에 대하여』

은밀한 사랑에 대한 비밀은 여타의 비밀과 확연히 구분된다. 대개 이것을 아는 사람은 극소수이지만 동시에 누설되기 가장 쉬운 것도 이 비밀이다. 그래서 이런 말까지 생겨났다.

"나는 내 입으로 나의 비밀을 누설했다."

하지만 이런 식으로 누설되는 비밀은 밀고자에 의해 누

설되는 경우와 성격이 다르다.

우선 은밀한 사랑은 두 사람을 아주 가깝게 엮어준다. 그러니 비밀을 간직한 사람과 비밀 그 자체 사이에 아무런 차이가 없다. 말하자면 사랑하는 사람이 바로 비밀이 되는 셈이다. 그들은 서로를 잘 알고 있고, 또 서로가 상대를 배신할 수도 있다.

이러한 비밀에는 경계가 있다. 즉 비밀을 공유한 사람과 이를 알지 못하는 사람으로 나뉘는 것이다. 이 경계를 넘으려는 사람은 스파이가 되고, 외부에 비밀을 알리려는 사람은 배반자가 된다.

비밀을 공유한 사람끼리는 강한 애착으로 연결되어 있는데, 인류 역사상 아주 옛날부터 사람들은 이러한 관계를 즐겨 맺어왔다. 심지어 목숨을 걸고 결코 누설하지 않겠노라고 맹세하는 사람에게만 비밀이 전수되기도 했다.

빌-에리히 포이케르트(Will-Erich Peuckert)는 1951년 풍부한 자료가 들어 있는 『비밀단체』라는 책을 출간했는데, 소개된 단체들은 모두 동일한 이데올로기를 추구하는 남자들로 구성되어 있다는 공통점이 있다.

그는 이 책에서 남자가 여자에 비해 비밀단체를 결성하기에 더 적합하다고 주장한다. 왜냐하면 여자는 다른 여자를 동료가 아닌 라이벌로 보는 경향이 강하여 사랑하는 사람을 위해서라면 쉽게 연대감을 저버리는 반면, 남자는 자신의 라이벌이 같은 단체에 속하여 있을지라도 외부와 선을 명확하게 긋고 여간해서는 연대감을 깨지 않기 때문이라고 설명한다.[★]

토템 전통을 이어받은 비밀단체들 ― 베르제르커(고대 북구설화에 따르면 이 단체의 전사들은 곰의 껍질을 뒤집어쓴 채 용감하게 싸웠다), 늑대인간, 아프리카의 악어단과 표범단 ― 은 종교적인 형태를 띠고 계속 발전해 나갔다. 예를 들면, 엘레우시스(고대 그리스의 엘레우시스에서 대지와 곡물의 여신인 데메테르가 행했던 비교의식), 비교(秘敎) 이시스(이집트의 여신), 비교 미트라스 등과 같은 의식을 통하여서 말이다.

근대에 이르기까지 사람들은 비밀스러운 단체나 비밀스러운 표식, 반문 등에 매료되어 있었다. 성당기사, 예수회원, 프리메이슨 등이 그 좋은 예이며, 미국에는 백인우월

---

★ 빌-에리히 포이케르트, 『비밀단체』, 칼 페퍼 출판사, 1951, p. 26 참조.
"여자들의 경우 함께 단체를 결성하려는 경향이 약하다. 여자들은 자신과 같은 성을 동료가 아닌 연적으로 보기 때문이다. 또 여자들은 기사도 정신으로 싸우지 못할 뿐 아니라 상대를 인정하지도 못한다."

「카니발의 마지막 잔치 풍경」 중에서 〈마녀의 집회〉,
고야 Francisco José de Goya y Lucientes, 1746~1828

주의 단체인 일명 KKK단이라는 것이 있다.

비밀과 누설이라는 모티프로 결성되어 있는 현대의 단체는 첩보소설이나 현실정치에도 자주 등장한다. 비밀요원이 출현하는 소설들을 보면, 비밀과 비밀의 누설이라는 모티프로 상대의 계획을 서로 방해하고 두 단체는 모두 혼란에 빠진다. 은밀한 사랑을 나누는 정치가가 있다면 이것이 빌미가 되어 적의 정보망에 걸려들고, 정보원은 이것을 약점으로 잡아 그를 협박하곤 한다.

비밀이란, 내막을 아는 사람과 그렇지 못한 사람 사이에 벽을 치는 심리적 기능이 있으며, 외부에 대해서는 공격적인 태도를 취하도록 만든다. 이렇듯 비밀은 반투막(半透膜)처럼 내부에서 발생한 문제를 조직의 내부로 깊숙이 침투시키는 것이 아니라 외부로 반사시키려는 속성이 있다.

슈카네더(Schikaneders)가 쓴 『마술피리』에는 ― 모차르트는 이 원작을 바탕으로 오페라를 만들었다 ― 프리메이슨에 대한 암시가 여러 군데 나온다. 이 책을 읽어보면 비밀이 어떤 기능을 하는지 잘 알 수 있다.

'비밀을 독점한다'는 것은 권력의 한 요소이다. 이때 '비밀'이라고 말하는 것에는 벌써 상대를 비난할 뜻을 담고 있으며, 상대방 몰래 힘을 행사하고 있음을 말해준다.

즉 '나는 비밀을 가지지 못한 사람을 내 마음대로 조종할 수 있다' 라고 말하는 셈이 된다.

이 법칙은 요새를 만들 때도 적용된다. 요새를 만들기 위해 군사들은 우선 성벽을 세울 구역 전방에 있는 모든 나무와 덤불을 제거하고, 울퉁불퉁한 땅도 평평하게 골라야 한다. 이렇게 하여야 멀리서도 접근하는 자를 발견할 수 있고, 침략하는 무리가 있으면 언제라도 이들을 방어할 수 있기 때문이다.

비밀이란 공포와 마찬가지로 아주 매력적이지만 심리적인 메커니즘으로 보면 복잡하기 그지없다. 이러한 비밀의 정체를 알아보려면 우선 그것의 기원부터 살펴볼 필요가 있겠다.

개인이나 사회가 성장하고 발전하는 도중에 비밀은 어느 단계에서 처음 모습을 나타내는 것일까? 우선 우리는 비밀을 아는 사람과 모르는 사람으로 분명하게 구분할 수 있다. 이 구분의 기원을 우리는 유아시절에서 찾아볼 수 있는데, 우리 모두 유아시절로 돌아가보자.

어머니와 한몸이라고 느끼던 갓난아기가 태어나면, 그(그녀)는 곧 허락되는 것과 금지되는 것, 선과 악, 옳은 것과 옳지 않은 것 등 세상사의 기본적인 구분을 배우기 시작한다. 이때부터 비밀은 생겨난다. 이제 아기의 삶은 두 세계로 나뉘어지고, 그(그녀)는 삶의 고통을 경험하기 시작한다.

정신분석학에서는 이 시기를 '항문기'라고 부른다. 프로이트는 육체의 한 부분과 명징한 사고 사이에 연관성이 있다고 보았고, 괄약근을 조절하는 능력이 사회화로 나아가는 중요한 원동력임을 연구하고 발표하였다.

항문을 통해 분비물을 밖으로 내보낼까 말까. 누가, 언제, 어디서 이것을 결정할까? 아이일까, 어머니일까?

갓난아기가 기저귀를 차고 있는 동안 이것을 결정하는 사람은 어머니이다. 이 시기는 '배변교육'이 진행되는 기간으로, 어머니는 아이에게 기저귀 가는 시간을 일일이 말해주거나 아니면 비밀로 간직할 수 있다. 이것이 바로 최초의 비밀이 된다.

어머니는 적당한 때를 기다려 아이가 비밀을 누설하도록 유도한다. 한편 아이는 기저귀 가는 일을 순전히 어머니에게 맡겨버리거나 그렇지 않을 수도 있다.

좌파그룹에 속하는 사람들은 흔히 이렇게 말한다.

"부모님은 우리의 행복을 원하시지만 그것은 그들 뜻대로 되지 않는다"라고. 이 말이 바로 이런 상황을 반영시켜

준다.

항문의 비밀은 결국 보유와 배설, 내부와 외부, 황금과 분비물이라는 문제로 귀착된다. 아이는 자신의 분비물을 아주 중요한 것으로 생각한다. 그에게 분비물은 자신의 몸과 밀접하게 관련 있고, 밖으로 내보내면 적지 않은 쾌감을 느낄 수 있어서 이것이 굉장히 소중한 것으로 생각되지만, 어머니에게 이것은 더럽고 냄새나는 것일 뿐이다.

동화에 보면 '주문을 외울 줄 아는 사람은 종종 분비물을 황금으로 바꾼다'는 등 배설물과 관련된 신비스러운 모티프를 적잖이 접할 수 있다.

이렇듯 아기가 분비물을 대하는 과정은 심리적인 갈등을 동반하는 까닭에, 이 과정이 후에 아이의 소유와 양도, 거역과 순응, 돈에 대한 변덕과 돈에 적응하는 태도를 결정짓게 된다. 그래서 돈이 어떤 사람에게는 똥이 될 수 있고, 어떤 사람에게는 신성한 것이 될 수도 있다.

성인이 된 우리가 타인을 사랑하는 행동이란 결국 어린 시절에 경험한 결핍을 보상하려는 시도임을 알게 된다. 그동안 원인을 알 수 없었던 인간의 어리석은 행동을 이제는 이해할 수 있을 것이다.

온갖 약점을 지닌 청결하지도 못한 인간이지만, 상대로

부터 무한한 사랑을 받고 싶어하는 욕구는 바로 어린시절 충분히 얻지 못한 것에 대한 그리움을 반영해준다. 따라서 사랑하는 남녀관계는 섹스와 함께 어른에게 보호받기를 원했던 유아기적 욕구가 결합된 것이다.

이렇게 두 요소가 균형적으로 혼합된 관계는 적절한 조건이 갖추어지면 이성적으로 잘 조절될 수 있다. 그리고 이 관계는 생식기의 영역에서 조직적으로 이루어진다. 여기에서 말하는 '생식기'란 배려, 보호, 쾌락을 상호교환하는 기능을 의미한다.

성숙한 사랑은 감정과 이성이 적절한 조합을 이룰 때 생겨난다. 두 사람은 상대로부터 무엇을 얻을 수 있는지 대체로 알고 있다. 만일 어떤 커플이 경제적인 요소만 서로 교환한다면 그 관계는 냉담하고 공허해질 것이다. 반대로 두 사람 사이에 순수한 감정만 있고 경제적인 교류가 없다면, 상대를 신뢰할 수 없을 뿐 아니라 착취당하는 느낌까지 갖게 될 것이다.

이렇듯 어떤 비밀도 소유하지 않으려는 갈망, 또는 모든 비밀을 지키려는 소망은 사랑하는 관계에 영향을 미쳐 두 사람의 사이를 방해하곤 한다.

사랑하는 사람들은 흔히 상대로부터 어머니의 모습을

원할 때가 많다. 어머니는 아이와 관심사가 다르다고 해서 협상하려 들지 않는다. 두 사람 사이에는 어떤 경계도 없는 것이다.

협상이란 행위에는 상대에게 전적으로 솔직하면 안 된다는 의미가 내포되어 있다. 가령 어떤 사람이 재래시장에서 물건을 살 때 흥정하지 못하면 손해볼 게 뻔하다. 사랑을 순진하게 생각하는 사람들은 상대와 협상하는 것과 둘이 하나가 되는 융합관계를 잘 구분하지 못한다.

두 사람이 하나라고 생각하는 융합관계는 상대로부터 이상적인 것을 기대하면서 생겨나고, 상대를 이상화시키면 두 사람의 관계는 분열될 조짐을 갖게 된다. 따라서 상대방의 이상형에 그린 듯 맞지 않는 사람이라면 심리적인 억압을 받게 된다.

사랑하는 두 사람이 하나라고 생각하면 서로 모든 것을 말해야 하고, 또 말할 수 있어야 한다. 왜냐하면 그들은 모든 것을 함께 나누고 비밀이 없어야 하기 때문이다. 하지만 이런 상황은 항문기 시절의 기억이 되살아날 수 없는 환경에서만 유지되는 아주 특이한 경우이다.

한지붕 밑에서 같은 이불 덮고 살다보면 항상 불결과 청결, 절약과 사치의 문제가 일어나기 마련이다. 인간이란 반드시 해야 할 일을 잘 할 수도 있고 못 할 수도 있다. 그러나 상대를 이상화시키는 사람은 못 할 여지를 주지 않기 때문에 두 사람의 관계가 시험에 빠지는 것이다.

남녀가 상대에게 완전히 반해 연애를 시작하면, 서로에게 고통 주는 일이 생기더라도 한동안 헤어지지 못한다. 만일 이별하게 되면 이들은 다시 마법 같은 이 사랑을 만날 수 없으리라고 생각하기 때문이다.

그리스 신화에서는 에로스를 '풀어주는 자' 와 '맺어주는 자' 라고 불렀다. 새로운 사랑을 시작하면 과거의 사랑은 분명 끝난다. 싸우는 남녀는 서로 만족하지 않지만 그렇다고 다른 사람을 사랑할 만큼 싫어하지도 않는다. 이때 이들에게 진정한 에로스가 찾아온다면 새로운 사랑은 옛 사랑의 인연을 끊어버릴 정도로 열렬해질 것이다.

비밀과 에로틱(정신과 육체를 포괄한 사랑)의 연관성을 연구하는 사람은 복잡하게 얽혀 있는 그물 속에서 출구를 찾아야 한다. 은밀한 사랑은 비밀에 둘러싸여 있지만, 비밀은 그 자체만으로 이미 매력적이다.

아름다운 멜루지네(프랑스의 전설에 나오는 물의 요정)가 등장하는 기사문학에서(14세기 말 장 다라가 쓴 것이 가장 오래된 판이다), 기사 라이문트와 아름다운 요정의 딸의 결혼생활은 영원히 행복할 수 없었다. 아름다운 멜루지네가 일주일에 한번씩 사이렌으로 변한다는 사실을 라이문트가 눈치챈 순간부터 행복은 사라지고 만다.

수많은 사람들이 이 장면에 대하여 매우 세속적인 해석을 내렸다. 심지어 19세기의 인생상담가들은 여자가 화장실에 들어갈 때 그곳에 애인을 끌어들이지 말라고 충고하기까지 했다.

비슷한 경우로, 극장에서 배우들이 연극공연을 할 때 무대장치인 막이 내려져 있지 않으면 관객들은 몹시 짜증낼 것이다. 그들은 배우의 연기만 보면 되었지 분장하는 모습까지 볼 필요는 없는 것이다.

여기에서도 우리는 비밀과 항문의 연관성을 승화된 형태로 보게 된다. 라이문트는 아름다운 멜루지네의 모든 것을 알아서는 안 된다. 만일 그녀의 비밀을 알아차리게 되면 두 사람의 관계는 훼손되고 만다.

하지만 라이문트는 그 비밀을 알아챌 수밖에 없는 처지에 있다. 백조기사 로엔그린이 나오는 동화처럼, 비밀이란 재앙을 가져올 뿐 아니라 거부할 수 없는 것이기 때문이다. 무엇인가를 금지하는 순간 이미 위반은 예고된 것이나 마찬가지이다.

비밀이 항문기에서 비롯된다는 사실은 에로틱한 사랑에서도 드러난다. 거기에는 해당자만 공유하는 내밀한 비밀이 존재하는데, 누군가 이것을 사진 찍거나 테이프로 녹화하여 두 사람을 협박할 수도 있다.

아이는 오직 자신에게만 속한 분비물을 항문을 통하여 내보냄으로써 최초의 쾌락을 얻는다. 배설기관이 성감대와 관련 있다는 사실은, 수치심을 느끼게 하는 신체의 일부분과 성적인 흥분을 따로 분리할 수 없도록 만든다.

자신의 배설물을 혼자 잘 처리할 수 있다고 해서 다른 사람의 배설물까지 그렇게 할 수 있으리라고 상상하는 것은 곤란하다. 남자와 관계에서 흥분을 느낄 수 없는 여자는 대부분의 경우 자위행위를 통하여 오르가슴을 느낀다. 성적인 흥분을 상대와 함께 나눌 수 없고, 혼자서 몰래 느끼고자 하는 이들은 남에게 말할 수 없는 비밀을 가진 경우가 많다. 공포와 망설임 때문에 남자와 함께 그들만의 비밀을 소유할 수 없는 것이다.

이러한 사실이 여자에게만 국한된 것은 아니다. 남자들역시 사생활의 비밀이나 에로틱한 세계를 여자와 함께 나누지 못하는 자가 흔히 있다. 이런 남자들은 에로틱한 환상에 빠짐으로써 식어버린 성욕을 되살리고자 노력한다.

만약 오랜 기간 동안 성에 대한 환상을 펼치지 않는다면, 그에게 성적인 욕구가 생기지 않을 수도 있다.

이미 말한 것처럼 은밀한 사랑이란 이런 장애를 극복하는 데도 아주 유익한 방법이다. 그렇다고 해서 배우자를 자신의 환상세계로 초대하여 성적 매력이 넘치는 그(그녀)로 탈바꿈시켜야 한다는 의미는 아니다.

에로틱한 사랑만 나누는 남녀관계의 매력은 육체적 접촉으로 인해 그 세계가 깨지는 것이 아니라, 오히려 다른 요소에 구속받지 않고 계속 발전하는데 있다.

남녀가 함께 살면 날마다 얼굴을 맞대기 때문에 에로틱한 환상이 방해받을 수 있지만, 은밀한 사랑을 하면 며칠 또는 몇 주 후에 겨우 만날 수 있으므로 가슴 조이는 육체적인 사랑을 지속할 수 있다. 부부는 충분한 전희를 거쳐야 비로소 강렬한 흥분상태에 이를 수 있지만, 은밀한 사랑을 나누는 연인이라면 순식간에 달아오를 수도 있는 것이다.

남편이든 아내든 평상시에 어릴 적 어머니를 상기시키는 행동, 즉 상대를 감독하거나, 깨끗이 해야 한다고 강요하거나, 좀더 능력 있는 사람이 되라고 요구하면 배우자에 대한 성적인 관심은 순식간에 사라져버린다.★

은밀한 사랑을 즐기는 사람들은 수치심과 죄의식을 치르면서 다른 한편에서는 자신을 억누르는 구속에서 벗어날 수 있다.

그러나 부부 사이에는 이런 요소가 부족하다. 부부는 서로 어린시절 자신에게 힘을 행사한 사람들(우리가 어렸을 적, 부모님, 선생님, 성직자 등은 몸에서 느낄 수 있는 쾌감을 어떤 방식으로든 금지하거나 떳떳하지 못한 것이라고 지적했다)을 배우자에게서 떠올리기 때문에 여러가지 제약이나 속박에서 벗어나는 해방감을 느끼기 힘들다.

지난 30년 동안 반권위적이고 관용을 중시하는 도덕기풍이 이러한 관습을 바꾸려고 노력했지만 혁신적인 변화는 이루어지지 않았다. 지금도 서양문화권에서 부모라는 존재들은 육체적 쾌락이라는 주제를 만나면 마치 이방인

---

★ 이런 부부를 관찰한 결과, 부부 중 누가 먼저 섹스를 거부했는지 구별하기 어려웠다. 남편은 아내가 성관계를 갖기 싫어한다고 불평한다. 그러나 아내는 남편이 자신을 존중해주지 않는다고 생각한다. 이렇듯 부부관계가 일탈하는 이유는 (의식하지는 못하지만) 사디즘이 상대방의 입장이 되어 느끼는 것을 방해하기 때문이다.

남편은 자신이 냉장고 청소를 하지 않았거나 시장볼 때 사과 사는 것을 잊었다고 해서, 즉 대수롭지 않은 일로 핀잔주는 아내를 이해하지 못한다. 한편 아내는 하루종일 집안일에 시달려 밤이면 너무 피곤하고 두통까지 생겨 섹스는 떠올릴 수조차 없다고 말한다.

처럼 굴기 때문이다. 물론 부모가 가슴을 열고 자녀의 입장이 되어 이 주제를 관대하게 대한다고 해도, 여전히 아이들은 이해하기 어려운 수많은 규칙을 지켜야 할 것이다. 기술이 지배하는 현대사회는 개인의 자제력을 높게 평가하므로 잡다한 규칙을 무시할 수 없기 때문이다.

흔히 은밀한 사랑에 빠진 남녀는 두 사람이 함께한 순간부터 '이제 어떻게 할 것인가' 하고 상대의 의중을 살피기 시작한다. '하룻밤의 풋사랑은 바람도 아니다' 라는 말이 있듯이, 즉흥적인 관계와 절실해서 계속 만나는 관계는 엄연히 다르기 때문이다. 두 사람은 서로 의사를 타진하며 사랑의 실체를 만들어간다.

휴가 또는 여행에서 이루어진 두 사람의 만남은 일상의 지루한 시간과 공간에서 분리될 수 있다. 다시 말해 이들은 홀가분하고 편안한 분위기 속에서 자유롭게 만난 것이지, 일부러 계획을 세워서 만난 것이 아니기 때문이다.

만일 서로가 상대의 눈치만 보면서 그들의 관계를 지속시킬 것인지 아닌지에 대하여 전혀 얘기하지 않는다면, 이들은 헤어질 가능성이 아주 높다. 또 한쪽에서 일방적인 결정을 내릴 수 있지만, 이것은 관계를 계속 유지하길 원하는 편에게 큰 상처가 될 수도 있다.

질투하는 배우자가 눈치챌 수 있는 위험에도 불구하고 그(그녀)를 만나야 할까, 아니면 전화나 편지를 이용할까? 만약 다시 만나지 말자는 충격적인 제의를 상대방에게 받는다면, 그(그녀)에게 협박이라도 해서 다시 만날까, 아니면 복수를 시도할까?

이때 상대방인 그(그녀)에게 복수심이 숨어 있지나 않은지 미리 파악해두는 것이 현명하다. 복수심이 있는 사람은 매우 위험할 수 있는데, 이들은 새로운 사랑으로 인하여 과거의 불쾌한 경험을 깨끗이 씻으려는 자들이다. 과거 자신이 경험한 모든 사랑을 형편없었다고 폄하하거나, 배반당할 때마다 애인에게 복수했노라고 말하는 사람이라면 충분히 의심할 만하다.

또한 현재 혼자 살고 있는 사람으로서, 자신은 상대에게 원하는 것이 없다고 조심스럽게 고백하는 경우도 상당히 위험하다. 이처럼 무언가 마음의 균형을 잃은 듯이 보이는 사람은 훗날 상대방을 마음대로 휘두르려는 성향이 강할 수 있기 때문이다.

이와는 달리, 애인이나 배우자가 있으면서 이들과 헤어질 의사는 추호도 없고, 게다가 자신의 배우자나 연인을 긍정적으로 말하는 사람이라면 은밀한 사랑을 나누기에 매우 적합하다.

　이런 사람을 만났을 때 은밀한 사랑의 당사자는 하나가 되고 싶은 동경을 실현할 수 있고, 상대가 사사건건 감시할지도 모른다는 두려움에서 벗어날 수 있다. 그들은 두 사람만 비밀을 지킨다면 안전할 것이고, 서로 사랑한다면 비밀을 지키는 일 역시 어려울 게 없다는 사실을 잘 알고 있을 것이다.

　그러나 상대방을 불신하고, 그(그녀)가 나를 버릴지도 모른다는 불안감을 갖거나, 만남의 횟수가 준다고 불만을 품으면, 질투를 느낀 편이 꼬치꼬치 캐묻게 된다. 다른 한 편은 변명과 거짓말을 동원하여 이를 모면해야 한다.

　비밀을 효과적으로 잘 지키는 사람은 이런 의심을 받지 않을 것이다. 상대가 자신을 신뢰하면 할수록 거짓말을 할 필요성이 줄어들기에, 은밀한 사랑을 하는 사람이라면 상대에게 신뢰감을 줄 수 있도록 행동해야 한다. 그리고 두 사람의 관계를 유지하는데 반드시 필요하다면, 가끔 선의의 거짓말도 할 수 있어야 한다.

　이상적인 남녀관계에서 불가능해 보이는 것, 즉 진실과 거짓의 공존이 실제로 사랑하는 남녀 사이에서는 이처럼 별일 아닌 듯이 일어나고 있다.

은밀한 관계가 성공하기 위해서는 계획을 촘촘하게 짜야 하고, 경우에 따라서는 자제할 필요도 있다. 이렇게 하는 것이 관계를 방해한다고 생각해서는 안 된다. 사실 이상적인 사랑이란 결코 불가능한 사랑이 아니다. 그것은 유머와 창의력이라는 주머니 속에 들어 있을 뿐이다.

사랑하는 사람에게 한 맹세를 지키지 않았을 때, 제우스는 왜 그(그녀)에게 벌을 내리지 않았는가? 그들이 하는 맹세는 진실성보다 유희적 요소를 더 많이 지니고 있기 때문이다. 물론 상황에 따라서는 유희적인 요소보다 진지한 면이 더 많을 수도 있겠지만.

생명력이 긴 사랑에는 유희와 진지함이 혼재되어 있다. 우리의 주제인 은밀한 사랑은 유희적인 사랑과 진지한 사랑의 중간쯤에 위치하고 있다. 이 사랑은 타협을 통해 유희와 진지함을 동시에 즐기고자 한다.

그러므로 은밀한 사랑을 원하는 사람이라면 적어도 자신 스스로에게는 비밀을 숨기지 말아야 하고, 게임의 규칙을 순순히 받아들여야 한다.

첫째, 자신의 은밀한 사랑에 대하여 알고 있는 사람수를 가능한 한 줄이되, 이를 아는 소수의 사람에게는 확실하고 올바른 정보를 주어야 한다.

가장 흔히 범하는 실수 중 하나가 제일 친한 친구를 알리바이로 이용하는 무심함이다. 친구에게 자세한 내막을 이야기하지 않았을 때, 이 사정을 모르는 친구가 집으로 전화한다면 비밀은 금세 탄로날 수 있기 때문이다.

둘째, 배우자가 신뢰할 수 있도록 행동해야 한다. 그림(Grimm)의 동화 한편을 읽어보자. 한 농부의 아내가 있었다. 그녀는 집에 맛있는 음식이 없다고 하면서 남편에게는 감자와 물만 주고, 애인인 목사에게는 고기와 와인을 몰래 갖다주었다.

이 농부의 아내는 사랑의 규칙과 정반대로 움직이고 있으며, 나아가 배우자에게 복수할 의도까지 숨기고 있는 것으로 보인다.

농부의 아내가 좀더 현명했더라면, 그녀는 남편을 잘 대접하고 애인에게는 그보다 못한 음식을 주었을 것이다. 그때 남편은 집안에 어떤 음식이 남아 있는지 꼬치꼬치 캐물으며 감독하지 않을 것이다. 물론 비밀도 자연스럽게 지켜졌을 것이다. 그러나 남편이 아내로부터 제대로 대접받지 못하면, 그는 점차 아내를 의심하기 시작할 것이다.

은밀한 사랑은 부부의 사랑을 더욱 풍요롭게 만들어주지만, 은밀한 복수는 애인에게 준 만큼의 사랑을 부부에게서 빼앗아간다. 따라서 은밀한 복수는 은밀한 사랑보다 훨씬 더 불안정할 때가 많다.

셋째, 도덕에 얽매이지 말아야 한다. 이 장면의 연장선상에서, 최소한의 노력으로 최대한의 효과를 올린다는 관점에서, 우리는 거짓말을 잘 활용해야 한다.

거짓말은 폐렴에 걸렸을 때 복용하는 페니실린과 같다. 즉 배우자로부터 의심을 사지 않기 위하여 충분한 양의 페니실린을 써야 하는 것이다. 이때 너무 적은 양의 페니실린을 사용하면 염증을 가라앉힐 수 없을 뿐 아니라, 오히려 병원체의 저항력만 높일 수 있다.

그러므로 은밀한 사랑을 즐기는 사람이 철저하고 신중하게 거짓말하지 않으면, 비밀을 지키지 못할 뿐 아니라 배우자에게 신뢰감마저 잃어버린다. 페니실린 같은 거짓말의 예술을 동원하여야 내연관계를 보호할 수 있다.

물론 한 울타리의 따뜻한 가족에게 진실이 아닌 거짓을 말하는 것은 옳지 않다. 하지만 진실을 말하고 항상 배우자에게 감시의 눈초리를 받는 것보다 차라리 거짓말을 하는 편이 훨씬 낫다.

상대를 감시할 의도로 질문하는 부류 가운데 50%는 소위 '간섭탈출(부당한 간섭을 한 다음 자신은 빠지는 행동)'이라는 행동양식을 보여준다. 이런 상황까지 진행되면 두 사람의 관계가 파탄에 이르는 것은 시간문제다.

파괴적인 사랑의 가장 흔한 변주곡은 폭군처럼 통제하는 것이다.

"항상 당신이 거짓말만 하니까, 이제 더이상 믿을 수가 없단 말이야!"

이런 식으로 말하는 사람이라면 그는 사랑을 자기 마음대로 통제하려고 들 것이다. 그는 거짓말하는 자식을 가장 나쁘게 보는 부모와 비슷하다. 이런 부모는 만일 아이가 솔직하게 고백한다면, 물건을 훔치고, 다른 아이들과 싸움질하고, 게을러 터져도 모든 것을 용서해주겠다고 큰소리칠 것이다(정말 파렴치한 거짓말을 했을지라도).

부모의 이런 태도는 자식을 통제하고 감독하겠다는 노골적인 의사표시이다. 질투하는 사람 역시 이와 비슷하게 말한다.

영화 <별들의 전쟁>에서도 이런 장면을 볼 수 있다. 적의 우주비행선은 상대가 먼저 공격하지 않으면 자신은 절대로 공격하지 않겠노라고 굳게 약속하지만, 결국 무장해제한 상대를 가차없이 공격해버린다.

순진하게 상대의 말만 믿고 진실을 말해버리면, 친구인

척 위장하는 침략자보다 두 배는 더 잔인한 적을 맞이하는 꼴이 된다. 물론 모든 것을 용서하겠다고 말한 상대는 자신이 지금 약속을 어기고 있으며 거짓말한다는 사실마저도 인식하지 못하고 있다.

넷째, 은밀한 사랑을 누리는 사람은 자신의 행동과 이 사랑에 참여한 모든 사람에게 책임감을 가져야 한다. 즉, 자신의 삶에 책임지겠다는 의지표시가 필요한 것이다. 이 세상에 스스로 책임지지 못할 외부의 힘이란 없다. 고로 책임질 수 없는 시도라면 애초부터 손을 대서 안 된다.

은밀한 사랑을 하는 사람의 행동으로써 적합하지 않은 것이 있다. 예를 들어 젊은 여환자를 사랑하게 된 의사가 다양한 방법으로 아내를 설득하여 그 젊은 여자를 병원의 직원으로 채용하는 행위이다.

가끔 은밀한 사랑을 즐기는 자들 중에서, 이 비밀을 끝까지 지키지 못하고 언젠가 발설해버릴 것 같다고 자주 말하는 이들이 있다. 이것은 그가 더이상 은밀한 사랑을 책임질 수 없으며, 책임에 필요한 행동을 할 자신이 없다는 것을 의미한다. 그가 은밀한 사랑의 가치를 인정하지 않고 오히려 부담만 느끼는 사람이라면, 점차 책임감마저 느끼지 않을 것이고 죄책감에서도 도망치려 할 것이다.

한편 은밀한 사랑의 비밀을 스스로 폭로하고자 하는 사람이라면 은밀한 사랑과 은밀한 복수 사이에서 방황하게 된다. 이런 상대에게 절망한 애인이 모멸감을 느끼고 복수를 맹세한다면, 그 비밀은 폭로될 가능성이 더욱 커진다. 이런 방식으로 비밀이 밝은 태양 아래 드러나게 된다면, 복수는 완성될지 모르지만 은밀한 사랑은 영원히 깨어지고 말 것이다.

# 제 4장

# 자유로운 삶 – 제 2의 인생이 될 수 있을까

철저하게 정절을 지키는 부부관계라면 자칫 경직되기 쉽다.
삶에는 배우자로부터 받는 자극과 다른 종류의 자극 또한 필요함에도 불구하고,
이를 억누르고 어쩔 수 없이 가장이나 아내로서의 의무만 지키는
부부관계 역시 발전의 가능성이 줄어든다.

〈알제리의 여인들〉, 들라크루아 Ferdinand Victor Eugéne Delacroix, 1798~1863

엄격한 가부장제 사회에서는 가장이 여러 명의 하녀와 잠자는 것을 당연하게 생각했지만, 외도한 부인의 경우 사형에 처해질 수 있었다. 그러나 시민혁명이 일어난 뒤 성문법으로 이러한 불평등이 제거되었고, 이때부터 법은 남녀의 사랑문제까지 해결해야 하는 역할을 맡게 되었다.

흔히 외도를 하다 들킨 남자는 아내가 사실을 필요 이상으로 진지하게 받아들인다고 말한다. 남자들은 자신의 외도를 성욕 때문에 어쩔 수 없이 저지른 행동, 즉 배설을 참을 수 없듯이 성욕도 마찬가지라고 변명한다. 그들의 주장이 사실이라면 그들이 여자로부터 얻는 것은 오로지 성적인 만족뿐이라는 얘기밖에 안 된다.

여자의 뒤꽁무니를 쫓아다니는 것은 사랑과는 별개의

문제라고 그들은 말한다. 그러나 이 말을 따져보면 아내에게도 똑같이 해당된다. 창녀가 아닌 신성한 여자이자, 존경하는 어머니 같은 아내로부터 남자들은 성적인 만족을 얻고 있으니 말이다.

결국 그들의 주장은 여자에게 거부감만 줄 뿐이다. 자신의 몸과 마음을 바쳐 아내로 자리잡은 여자들이 이런 말을 들으면 쓴웃음만 짓는다. 시대정신 또한 이런 구태의연한 변명을 비웃는다. 보다 똑똑하고 진보적인 여자라면, 여기에 조소를 보내지 않는 사람을 외면할 것이다. 이제 여자들은 남자와 여자가 자유롭고 동등한 입장으로 함께 산다면, 감정의 기본형태 또한 같은 방식으로 발전해야 한다고 생각하기 때문이다.

이 문제에 대해서는 나중에 다시 다루기로 하고, 이 장에서는 은밀한 사랑과 자유의 관계를 설명해보겠다.

섹스 파트너로 삼기에 가장 이상적인 유형 — 일반적으로 우리가 사랑에 빠졌다고 말하는 애인 — 은 강한 애착을 느낌과 동시에 자유를 느끼게 해주는 사람이다.

서로 매료된 두 사람 사이에는 권력이 개입할 여지가 없다. 하지만 한쪽이 지배당하거나 상대가 없으면 못 살 정도로 한편에 종속되어 있다면, 다른 한쪽에게 권력을 안겨

주게 되거나 또다른 영향력을 행사할 수 있는 여지를 주게 된다. 이러한 종속과 자유라는 상호 배타적인 상태에서 안정감을 느끼지 못할 때, 우리는 이에 대한 반응으로 질투를 하게 된다.

사랑이 깨지는 남녀의 경우 흔히 누가 먼저 고개를 숙이느냐의 문제로 티격태격하다가 금이 가는 예를 많이 볼 수 있다.

또한 사랑하는 여자는 정말 괜찮은 사람이지만 여자의 부모나 형제, 친구는 끔찍한 사람들이라고 말하는 남자, 사랑하는 남자는 더할 나위 없이 좋은 사람인데, 틈만 나면 잔소리를 해대고 사사건건 참견하는 시어머니는 정말 싫다고 말하는 여자들이 있다. 이들은 주로 자신의 문제보다 주변사람 때문에 갈등을 겪는다.

이에 비해 은밀한 사랑을 하게 되면 아주 자유롭다. 서로 길들이려고 기싸움을 벌일 필요가 없고, 이혼할 필요도 없으며, 각자 주변사람 때문에 속태울 일도 없고, 위험을 무릅쓰고 애인을 사귈 필요도 없다.

은밀한 사랑을 하는 남자(여자)는 특별히 강하지도 않고 약하지도 않으며, 천사처럼 착하지도 않지만 그렇다고 벌레 같이 형편없는 인간도 아니다. 이들도 지극히 평범한

한 인간에 불과할 뿐이다.

때문에 이들은 현재 자신이 누리는 가장이라는 위치를 완전히 포기해야 되는 사랑은 거부한다. 그렇다고 멀지 않은 주변이나 낯선 환경에서 짜릿한 새 사랑을 느끼고 싶은 욕구 역시 포기하지 않는다.

서로 사랑해서 결혼했지만 결과적으로 너무 많은 것을 희생했다고 말하는 부부들이 많다. 처음에는 자유롭게 시작한 사랑이었지만, 결혼한 이후 부부는 서로 힘겨루기를 한다. 더이상 배우자에게 매혹되지도 않고, 부부의 공통된 관심사를 위해 모든 것을 희생하고 싶은 마음도 점차 희박해진다. 그러나 과거에 사랑했던 지금의 배우자가 더이상 행복의 열쇠는 아니지만, 이혼이라는 불행한 지경에 빠지고 싶은 마음도 없다.

그러니 집안의 책임을 맡고 가정을 지킬 힘 역시 보유한 가장이 이 심리를 악용할 가능성도 있다.

많은 경우, 은밀한 사랑은 금세 책임을 떠안고 살림을 차리며 아이를 키우는 사랑으로 변모한다. 그리고 약혼, 결혼, 이혼, 재혼으로 합법적 결혼의 관계가 변해가도 은밀한 사랑은 늘 따라다닌다. 이것은 어떠한 경우에 있어서도 비밀로 지켜지는데, 서로 그것을 원하고 서로의 마음을 존중하기 때문이다.

　오랫동안 은밀한 사랑을 유지하는 부부도 꽤 많다. 이 사랑은 나아갈 방향이 분명하지 않은 까닭에, 극단적인 경우 하룻밤만에 끝나기도 하지만 오래 지속되기도 한다.

　모든 은밀한 사랑에는, 이혼이라는 형태로 막을 내리지는 않지만 심신이 지칠 대로 지쳐 구석에 웅크리고 있는 동물처럼 조용히 끝난다는 공통점이 있다.

　그렇기 때문에 은밀한 사랑을 하는 이들은 자신의 외도로 인해 배우자가 손해볼 것은 전혀 없다는 식으로 생각한다. 이들은 만일의 경우 외도가 배우자에게 발각되더라도 그런 식으로 말하고, 운좋게 끝까지 들키지 않더라도 마음 속으로 그렇게 생각한다.

　보카치오의 소설에서도 필리파는 노골적으로 이렇게 말하고 있지 않은가.

　"남편이 저를 원할 때마다 저는 그에 응했습니다. 그러고도 열정이 남아 있다면, 그럴 때는 어떻게 하는 것이 좋겠습니까?"

　차라리 이렇게 따질 수 있는 사람은 자신에 대한 의구심을 진정시킬 수 있다. 안전하게 보호된 상태에서 이루어져야 할 밀애장면을 배우자에게 들키면, 당연히 두려움에 떨게 되고 불안감에 휩싸이게 된다. 그리고 자신의 행동이 과연 잘한 것인지 스스로 의심하게 된다. 이때 필리파처럼 당당하게 맞선다면 자신에 대한 의구심이 조금은 정당화될 것이다.

은밀한 사랑을 하는 대부분의 사람은 자신이 무슨 말을 하더라도 상대가 믿지 않을 것으로 예상한다. 이때 배우자로부터 만족을 얻지 못해서, 혹은 자신의 욕구를 거부하는 배우자 때문에 외도한 것이 아니라 호기심 때문에, 또는 자신의 능력을 인정받고 싶어서 외도했다고 말하는 것은 별로 바람직하지 않다.

질투하는 배우자는 상대가 자신에게 복수를 하거나 벌을 주려고, 아니면 자신을 버리고 새로운 사람을 찾으려는 속셈에서 그렇게 둘러댄다고 생각하기 때문이다.

이렇듯 외도가 현실문제로 등장하면 복잡하기 그지없는데, 대중잡지나 통속소설에는 정말 간단하게 단순화시켜 묘사하고 있다.

'외도는 결혼생활에 활기를 주거나 사랑을 죽이고 신뢰를 깨버리는 것, 둘 중에 하나이다.'

현실적으로 남녀가 이런 문제에 직면했다면, 결과는 두 사람의 능력 여하에 따라 달라진다. 좀더 구체적으로 말하면, 남녀가 사랑에 대해 품고 있던 이상과 환상에서 깨어나 두 사람만의 관계를 현실적으로 어떻게 만들어가느냐에 달려 있는 것이다.

우리 모두는 이 과정에서 아마추어가 될 수밖에 없다. 용기 있게 나서서 바람직한 결과를 내거나, 관계를 망치는 연습만 할 뿐이다. 정확한 계획을 짤 수 없고, 참고로 삼을 만한 아이디어도 없다. 도덕적인 규범은 이상이라는 무자비한 세계에서 우리를 심판만 하고, 연애관계는 몰인정한 세계로부터 우리를 보호해주고 위로해주기 때문이다.

이런 상황에서 상담심리 전문가가 사용할 수 있는 방법은 몇 가지밖에 없는데, 그중 하나가 두 세계의 가치를 동시에 인정해주는 방법이다.

즉 은밀한 사랑이란 좋거나 나쁘다고 단정지을 수 있는 게 아니라, 부부가 이 일을 계기로 갖가지 감정을 체험하는 것뿐이라고 충고한다. 외도하는 것을 배우자에게 들키든 들키지 않든 말이다.

만일 은밀한 사랑이 들키지 않는다면, 그(그녀)는 건조해져버린 결혼생활 내내 꿈꾸어 왔던 자유를 얻을 것이며, 새로운 세계를 경험하거나 과거의 신선했던 추억을 다시한번 체험할 가능성이 높다.

이들이 자신의 외도에 죄책감을 덜 느끼고 충분히 책임 질 수 있다는 확신을 가질수록, 그(그녀)는 상쾌한 기분으로 집에 돌아와 저녁을 먹고 아무 일도 없었다는 듯 아내(남편)와의 잠자리를 갖는다.

반대로 아내(혹은 남편)와의 잠자리를 멀리 하기도 하는데, 이는 아무래도 외도를 통해 열정을 과도하게 소모한 탓일 수 있다. 외도하는 사람은 애인이 달아날 것이 두려워 관계를 돈독히 할 의도로 정성을 다하여 애인을 보살필 수 있다. 이러다보니 너무 많은 에너지를 소진해버리는 것이다.

이처럼 은밀한 사랑은 부부관계에 유용하게 다가갈 수도 있고 더욱 냉랭하게 작용할 수도 있다. 그렇기 때문에 이 사랑은 매우 불안할 수 있는데, 이럴 경우 불안한 그대로 방치해두는 것도 괜찮은 방법이다. 너무 성급하게 결정내리고 행동하는 것보다 일단 결정을 미루는 편이 낫다고 생각한다.

두 개의 가치를 동시에 인정해주면, 즉 외도에 대해 좋다 나쁘다 판단하지 않으면 결국 정반대의 결과가 나올 수 있다. 은밀한 사랑을 하는 사람이 자신의 외도를 포기할 수 있다는 뜻이다.

그러면 두 가지 가능성만 남게 된다. 먼저 외도한 사실을 솔직하게 고백하고 배우자가 이를 인정해주어 결혼생활과 동시에 내연관계를 지속시키는 것이 첫째 방법이고, 앞으로 절대 외도하지 않으면서 결혼생활에 충실하는 것이 둘째 방법이다.

결혼이란 어떤 대가를 치르더라도 일상에서 사랑의 환상을 실현해보고자 하는 시도라고 할 수 있다.

어떤 부부가 자신들은 모든 시험을 극복하고 서로의 자유를 최대한 존중하기로 약속했으므로, 만일 어느 한쪽에게 애인이 생기더라도 가정불화 없이 잘 지낼 수 있으리라고 말한다면, 코웃음칠 사람이 한둘 아닐 것이다.

이렇듯 결혼은 서로 상의하여 발전할 가능성을 제공하지만, 서로에게 지나친 요구를 하기 때문에 위험한 지경에 이를 수도 있다. 부부는 정신적으로 병들고 만신창이가 되어서야 비로소 더이상 참을 수 없다고 고백한다.

사실 부부가 서로 진실해야 된다고 생각하는 이상은 이상적인 사랑과 모순되는 경우가 많다. 그렇기 때문에 결혼에서 이 모순을 해결할 수 있는 방법은 없다.

사랑하는 감정은 서로 배려하고 애정을 나눈다. 그러다 정도를 넘어 심지어는 자신이 품고 있는 환상이나 욕구까지 배우자가 이해해주길 강요한다. 그런데 우리는 상대의 그 욕구를 부인하게 되고, 자신이 억압당한다고 느껴질 때에야 비로소 진실을 말하게 되니, 모순을 해결하는 작업은 여간 힘든 일이 아니다.

결혼문제에 관한 상담을 하다보면 이러한 모순적인 상황을 수없이 접하게 된다. 예컨대 외도하는 배우자를 둔 어떤 이는 상대에게 진실을 듣지 못하는 것이 가장 끔찍하다고 말한다. 그런가 하면, 배우자가 외도할 때마다 그 사실을 자신에게 털어놓는 것 또한 견딜 수 없다고 말한다. 그러니 배우자 몰래 은밀한 사랑을 하는 사람이라면 스스로 문제를 해결해야지, 여기에 부인(남편)까지 끌어들여서는 안 된다.

사실 내막을 알고보면 은밀한 사랑과 결혼생활을 병행하는 부부가 적지 않다. 대체로 중요하지 않은 외도―하룻밤의 정사 정도―는 서로 묵인해주고 배우자에게 굳이 알리지 않아도 되지만, 중요한―오랫동안 지속되는―연애는 배우자에게 알려야 한다는 합의가 부부간에 은연중 이루어진 형태이다.

여기서 '중요한' 관계와 '중요하지 않은' 관계를 구분하는 기준은 개인마다 다를 수 있다. 그렇기 때문에 이 구분에 대하여 도덕적 논쟁을 펴는 이들도 있다.

사실 일생 동안 한번도 바람을 피우지 않는 것이야말로 부부관계를 가장 안전하게 유지할 수 있는 길이다. 이것은 고상하기 그지없는 인간적인 가치이지만, 일상생활에서 이렇게 지켜내기란 여간 어려운 일이 아니다. 자기수양을 하거나 배우자에게 무조건 헌신한다고 해서 외도를 막을 수 있는 것은 아니기 때문이다.

그렇다고 외도를 하지 않는 사람이라고 해서 무조건 도덕적이고 책임감이 강하며 건강한 삶을 산다고 말할 수 있는가? 어쩌면 그들은 불감증이나 만성우울증 또는 삶의 권태로 인해 외도를 하지 않는 것일 수도 있다.

철저하게 정절을 지키는 부부관계라면 자칫 경직되기 쉽다. 삶에는 배우자로부터 받는 자극과 다른 종류의 자극 또한 필요함에도 불구하고, 이를 억누르고 어쩔 수 없이 가장이나 아내로서의 의무만 지키는 부부관계 역시 발전의 가능성이 줄어든다.

은밀한 사랑을 원천봉쇄한다면 이는 제3자를 사랑할 수 있는 가능성을 완전히 닫는 것이다. 좀더 광범위한 삶을 살고, 실험하고, 또 시험에 들었을 때 이를 극복할 수 있는 힘마저 차단해버릴 위험이 있다. 내 배우자는 절대로 나를 속이지 않을 거라고 철썩같이 믿고 있는 부부라면 서로 정신적으로 성장시킬 수 있는 자극을 잃을 수도 있다.

그러나 정절 지키기를 금지하고 한순간에 깨버리는 것 역시 위험하기 짝이 없다. 지금까지 이루어놓은 모든 가치가 한순간에 물거품으로 변해버릴 수 있기 때문이다.

즉 바람, 결혼, 외도하지 않고 부부간의 정절을 지키는 문제 등을 놓고 장단점을 논의하는 시도는 현실적으로 아주 순진한 발상인 것이다.

다시 말해, 토론자는 다른 이들의 견해와 자신의 의견을 바탕으로 이 문제에 접근한다는 전제하에 장점과 단점을 논하게 된다. 그러나 한 개인의 성적인 태도는 타인이나 사회의 의견으로 구성되지 않는다. 그것은 다양한 충동과 심리적인 억압으로 구성된 모자이크라고 할 수 있다.

오늘 아침, 자신은 절대로 배우자를 속이지 않는다고 큰소리치던 사람이, 바로 다음날 지금까지 소극적이던 성격을 훌훌 벗어던지고 자신과 잘 통하는 남자(여자)를 만날 수도 있을 테니 말이다.

괴테는 연애관계의 역학을 화학적인 요소와 비교했다(『친화력』이라는 소설에서인데, 부부인 에드워드와 샤롯테는 서로 다른 사람에게 끌리게 된다. 에드워드는 아내의 질녀 오틸리

에에게, 샤롯테는 남편의 친구에게). 여러 조건에서 안정적으로 존재하던 화학적 물질이 갑자기 특정한 요소나 촉매제를 만나면 놀라울 정도로 탈바꿈해서 새로운 관계를 맺는데, 남녀간의 사랑도 이러하다는 것이다.

남녀관계를 체계적으로 파악하기 힘들게 하는 또다른 요소가 있다. 그것은 바로 '첨예한 대립'(자신과 대립되는 특성을 지닌 사람을 원하는 성향)과 '이양'(배우자에게 질투를 떠넘기는 것)이라는 개념이다.

운명 같은 만남이라고 생각하는 사랑을 보면, 처음에는 동질성에 끌렸지만 나중에는 대립의 양상을 띠는 경우가 종종 있다. 애초부터 사람들은 자신이 지니고 있지 않은 면을 이성에게 찾으려는 성향이 있는 것이다.

다음의 일화는 한 성공한 유태인 상인이 결혼중매인과 나누는 대화인데, 이점을 잘 보여준다.


중매인은 흥분해서 물었다.
"자, 그러면 신부는 어떤 여자여야 합니까? 미인이어야 하나요?"
그러자 노이라이히 씨가 투덜거리며 대답했다.
"내가 잘 생겼으니 이걸로 충분합니다!"
중매인은 이번에도 흥분해서 물었다.

"그러면, 부자는 어떤가요? 나는 돈 많은 여자를 구할 수 있지요!"

노이라이히 씨는 여전히 불평하는 투로 대답했다.

"나야말로 부자죠!"

그러자 중매인은 약간 풀이 죽은 목소리로 질문했다.

"그렇다면, 젊은 여자는 어떤지요?"

답답하다는 듯이 노이라이히 씨가 말했다.

"나도 충분히 젊어요!"

마침내 중매인은 기어들어가는 목소리로 물었다.

"여자가 부자일 필요도 없고, 미인일 필요도 없고, 젊을 필요도 없다면, 도대체 어떤 여자를 원하시는 겁니까?"

기다렸다는 듯이 노이라이히 씨가 외쳤다.

"신뢰할 수 있는 여자요!"


노이라이히 씨는 평소 스스로를 신뢰할 만한 사람이 아니라고 생각했기에, 이러한 점을 메꾸어줄 수 있는 여자를 만나길 희망했다. 자신에게 부족한 점을 여자를 통해 보완하려고 한 것이다.

이 일화는 노이라이히 씨의 자기비판도 담고 있지만, 우리는 과연 그가 진정으로 자신을 비판하는지 믿을 수 없다. 또 오늘날 배우자를 구하는 젊은이들을 보았을 때, 노이라이히 씨처럼 그렇게 소박한 소망을 지닌 사람이 있을까 하는 의문도 생긴다. 어떤 타입의 여자를 원하느냐는 질문에 대부분의 남자들은 젊고, 돈 많고, 아름답고, 진실한 여자라고 대답하니 말이다.

남녀가 연애할 때 이미 자신에게 부족한 점을 보완해줄 수 있는 사람을 찾으려는 기본성향을 본능적으로 품고 있다. 하지만 이들은 상대를 정확히 테스트해보지도 않고 애초부터 상대를 이상적인 남자, 혹은 이상적인 여자라고 생각했기에 자신이 원하는 특징이 그(그녀)에게 있다고 무조건 믿어버린다.

우리가 다루는 주제와 관련하여 생각해보자.

남편에 대한 정절을 삶의 신조로 삼고 있는 여자라면, 대체로 기회될 때마다 바람 피우는 남편에게 모든 것을 의지하고 또 그에게 종속되어 있다. 그녀가 남편으로부터 자신의 부족한 점을 보충하든 안 하든, 정절을 중요시하는 여자와 바람둥이 남자가 서로 반하게 되는 경우는 어렵지 않게 만날 수 있다.

이런 남녀가 결혼해서 서로를 존중해주고 상이점을 사랑으로 극복할 수 있다면, 두 사람의 관계는 오랫동안 유지될 것이다.

분명한 사실은, 바람기 많은 사람이 자기와 똑같은 상대를 만나면 참을 수 없어 하고, 반대로 정절을 지키는 사람 역시 자기와 똑같은 사람에게 권태를 느낀다는 점이다.

은밀한 사랑을 다룰 때 절대로 과소평가하면 안 되는 또 다른 요소가 있다. 이것은 자신의 질투심을 배우자에게 떠넘기려는 의도이다. 이 경우 은밀한 연애를 하는 여자들은 마치 정절을 지키는 조신한 여자인 척 행동하지만 사실 속마음은 그렇지 않다.

그녀들은 남편이 자신의 외도를 참을 수 없어 한다는 점을 인정하고 이해하지만, 자신은 은밀한 모험을 즐기고 싶은 본능적 욕구를 포기할 수 없어 혼란에 빠져 있다. 이런 여자의 남편이라면 차라리 아내처럼 암암리에 바람을 피우던가, 아내의 외도를 완전히 포기해버리는 편이 나을 것이다.

한편 은밀한 사랑에 빠진 남자가 자신의 아내 역시 외도하고 있다는 사실을 알게 되었을 때 '눈에는 눈, 코에는 코'라는 원칙을 인정하게 될지 장담할 수 없다. 남자들은 대부분 자신의 외도가 부부관계에 아무런 영향을 미치지 못한다고 생각하지만, 아내의 외도에는 상처받는다. 또 자신이 질투하는 건 괴롭지만, 아내의 질투는 부담스럽게 생각하는 이기적인 면을 지니고 있다.

'나는 자유를 원하지만 너에게는 자유를 허락할 수 없노라'는 불균형적인 인식만 보더라도 사랑의 관계에는 유아기적 성향이 나타난다는 면을 충분히 알 수 있다. 자신은 상대에게 보답도 못하면서 무조건 자신을 배려해주고 보살펴주기 원하는 아이와 무엇이 다른가?

언뜻 보기에 감성은 삶에 별 소용이 없는 것 같지만 감성이야말로 우리의 마음을 움직여서 비이성적인 사랑에 빠지게 하고, 결혼하고, 자식을 낳기까지 중요한 역할을 담당한다. 그렇기 때문에 인류의 역사는 문화적인 발전을 거쳐 계속 유지되는 것이 아닐까?

"두 사람 중에서 상대를 더 많이 사랑하는 사람이 용서해야죠!"

실비아는 자신보다 몇 살 어린 남편 오토를 여전히 사랑하고 있음이 분명했다. 물론 그녀도 처음에는 정반대의 말을 했지만. 그녀는 남편의 끊임없는 바람기를 용서하며 감정을 눌러 왔지만 끝내는 나의 상담실을 찾아왔다.

어느날 그녀는 남편이 그들 부부가 함께 운영하는 회사의 여직원들과 놀아났으며, 심지어 실습하러 온 여대생하고까지 잠잔 사실을 알게 되었다. 그뿐이 아니었다. 여자 고객들은 남편이 자신의 몸을 만졌다고 수시로 불평해왔기 때문에, 그녀는 남편에게 이 문제에 대하여 정식으로 따지지 않을 수 없었다.

그때마다 남편은 이렇게 대답하였다.

"뭐 그따위 여자들이 다 있어? 자기들이나 처신 똑바로 하라고 해!"

그는 여러 차례 실비아에게 자신이 연애한 여자들의 애기를 들려주었다. 그러면서 항상 '어리고 미성숙한 여자들'은 당신에 비하면 아무것도 아니라고 말했다. 그녀는 남편의 이 말을 진심으로 믿었다.

이따금 실비아는 그런 상황을 견딜 수 없었다. 하지만 그녀는 지금까지 잘 참아왔고, 침묵을 지켰으며, 더이상 참지 못할 경우에는 화를 내는 대신 이성적으로 따지고 들었다. 부부 사이에 문제가 불거질 때마다 그녀는 일에 몰두했고 스트레스를 과식으로 해결했다.

그러던 어느날부터 실비아와 오토는 경제적인 어려움을 겪게 되었다. 회사는 잘 돌아갔지만 두 사람은 승마용 말까지 소유하고 있었고, 남편은 돈을 물 쓰듯 써댔다. 결국 회사는 빚을 지게 되었고, 이런 상황에서 이혼까지 간다면 겉잡을 수 없을 것 같아 실비아는 될 수 있으면 좋은 쪽으로 해결하려고 노력했다.

그런데 오토가 한술 더 떠, 현재 사귀고 있는 여자 이리스를 그들의 회사에 고용하고 집에서 함께 살겠다는 통보를 해온 순간, 실비아는 하마터면 이혼을 결심할 뻔했다. 남편은 직장도 없고 오갈데 없는 이리스를 거둘 사람은 자신밖에 없다면서 마지막으로 한번만 눈감아줄 것을 애원했고, 실비아는 또다시 물러설 수밖에 없었다.

"오토가 이리스에게 찾는 부분이 무엇인지 저는 잘 알고 있죠. 저는 키가 크고, 진지하며, 말수도 적어요. 그런데 그녀는 조그마하고, 바비인형처럼 날씬하며, 하루종일 재잘거리죠. 사실 저도 그런 이리스를 싫어하진 않아요.

하지만 그녀가 앞으로 우리집에서 계속 산다고 생각하면 정말 끔찍해요. 그녀를 따라다니면서 청소하고 싶진 않거든요. 이리스는 물건을 제자리에 두는 법이 없고 아무곳에나 던져버리죠. 심지어 자신이 먹었던 접시조차 씻지 않을 정도예요.

제가 이런 말을 하면, 남편은 엄격한 가정교사처럼 군다고 오히려 저를 비난하죠. 오토 때문에 걱정이랍니다. 이리스는 벌써 그와 한번 헤어졌지요. 그때 남편은 정말 우울하게 지냈어요. 그녀가 다시 돌아왔을 때 저까지 덩달아 좋아했을 정도로요. 새로 사귄 남자친구와 싸워서 다시 남편에게 돌아온 거죠. 남편이 그녀에게 언제라도 다시 돌아오라고 말했거든요. 만일 제가 그녀를 쫓아낸다면, 아마 남편은 자살하고 말 거예요. 정말 두려워요."

실비아와 오토 부부의 이야기는 결혼이라는 형태가 가져올 수 있는 위험요소 중 한 부분을 잘 보여주고 있다. 실비아는 어머니의 역할을 계속 맡아왔고, 오토는 버르장머리없는 아이처럼 행동했다. 훔친 장난감을 되돌려주느니 차라리 자신의 방에 불을 지르는 아이처럼 말이다.

오토의 태도에는 사디즘적인 성향이 엿보인다. 그가 사귄 애인 가운데 많은 여자는―실비아가 알게 된 이리스와 같은 여자―그와 함께 사도-마조히즘적인 놀이를 할 준비가 되어 있었다. 하지만 실비아는 그럴 수 없었고, 특이한 환경, 예컨대 숲이나 차고에서 섹스하기 원하는 남편의 요구를 들어줄 수도 없었다.

"오토는 남자라면 자연스럽게 그런 것들을 원한다고 말했죠. 남자는 여자와 다르다는 거예요. 성욕은 참을 수 있는 것이 아니어서, 성욕을 느낄 때면 어떤 여자하고든 충족시켜야 한다고 말하더군요.

그렇듯 왕성한 성욕을 어떻게 저 혼자서 감당하겠느냐, 그러니 저를 편하게 해주기 위해서라도 다른 여자와 사귈 수밖에 없다고 말했죠. 지금까지 남편은 늘 저만 사랑한다고 말해왔어요. 다른 여자들은 사랑이 아니라 그저 성욕 때문에 어쩔 수 없이 만난다고 했죠.

그런데 이제는 사태가 달라졌어요. 그는 이리스가 자신의 딸 같다고 말하는 겁니다. 그녀가 있다고 해서 내가 손해볼 것은 아무것도 없다는 거예요. 저는 그가 무슨 계획을 세우고 있는지 도무지 알 수가 없어요."

인간의 행동방식은 늘 아이와 성인(이상적인 성인) 사이에서 이루어진다. 성인이 아이처럼 구는 경우를 두고 유아기로 돌아가려는 심리적 퇴행성 행동을 한다고 말한다.

오토는 여자와 관계에서 퇴행적으로 행동하고 있다. 그는 충동에 대한 책임을 거부하고, 자신의 유아기적·남근적 욕구를 남자다운 욕구라고 합리화시키려 한다. 다시 말해 자신의 외도를 남성적인 행동으로 정당화하고 이성적으로 위장하는 것이다.

이와 반대로, 실비아는 과도하게 어른 같은 태도, 지나치게 자제하고 자신을 억누르는 태도를 취하고 있다. 이로써 그녀는 버릇없는 자식을 키운 어머니가 되어버렸다.

그녀가 '두 사람 가운데 더 많이 사랑하는 사람이 용서해야 한다'고 말하는 것만 보아도 알 수 있듯이, 다른 여자라면 벌써 떠나버렸을 시점까지 그녀는 구제불능의 남편을 이해해주고 있다.

두 사람의 에로틱한 관계는 이런 형태로 첨예하게 대립했다. 음식을 먹는데 있어서도 정반대였다. 스트레스를 먹는 것으로 해소한 실비아는 점점 체중이 늘어나 급기야 단식까지 해야 했지만, 음식을 자제한 오토는 정상체중을 유지할 수 있었다.

실비아의 관대한 행동을 문제로 삼아보자. 남편이 아내의 동의를 얻어 애인 이리스를 집안에 들였을 때, 실비아는 이리스의 빨래도 해주고 개도 돌보아주었다고 한다. 이런 행동은 오토의 퇴행적인 성향이 더욱 발달하도록 부추긴 것으로 보인다. 그녀가 모든 것을 받아줌으로써 그는 점점 더 많은 것을 요구해왔기 때문이다. 부부라는 계약으로 그녀는 남편의 노예가 되고 만 것이다.

부부는 각자 인간으로서의 자의식을 갖되 서로 솜씨 있게 협상할 줄 아는 능력이 절대적으로 필요하다. 설령 서로 모든 요구를 다 충족시켜줄 정도로 사이좋은 부부라 할지라도, 상대가 더이상 참지 못하는 욕구는 자제할 줄 알아야 한다.

또한 부부는 자유가 지닌 모순을 잘 다루는 법도 배워두어야 한다. 즉, 부부관계란 제3자를 사랑할 수 있는 자유를 주지만, 반면에 두려움이나 분노, 질투 등으로 배우자를 억압할 수 있는 자유도 준다는 뜻이다.

흔히 결혼한 남자들은 은연중 배우자에게 이런 희망을 갖는다.

'내 아내는 나의 모든 것을 용서해주는, 그야말로 어머니 같은 사람일 거야. 아내는 바람기 있는 내 애인 때문에 고민에 빠진 나를 위로해줄 것이고, 내가 이 문제를 해결할 수 있도록 도와줄 거야.

나는 위대하고, 강하며, 선한 어머니의 보호를 받고 싶어. 하지만 이런 어머니는 언제라도 나에게 복종해야 하고 나의 노예가 되어야 해. 그렇지 않으면 그녀가 나를 마음대로 조종할 테니까.'

이때 은밀한 사랑은 퇴행적인 욕구와 성숙하게 자제하는 태도 사이에서 타협점을 찾게 해준다.

우리는 은밀한 사랑을 통하여 우둔한 행동과 사디스트·마조히스트적인 충동을 멀리하고, 대신 상대를 배려하며 욕구를 자제할 수 있다. 은밀한 사랑은 마조히스트처럼 상대에게 학대당하고자 하는 욕구를 자제시키고, 또한 이성적인 한계도 없이 온갖 성적인 충동을 표출하려는 사디즘적인 태도도 잠재울 수 있다.

에로틱은 하나의 예술이다. 예술적인 충동은 비이성적이고, 이성적인 분석으로는 예술작품을 이해할 수 없다. 예술가는 하나의 작품을 탄생시키기 위하여 자신이 지닌 모든 능력을 쏟아붓는다.

| 제 5장 |
# 일상을 벗어난 방탕한 축제에 대하여

사회사적으로 볼 때 은밀한 사랑은 자아와 규범을
순간적으로 망각하는 방탕한 축제의 후계자라고 볼 수 있다.
물론 비공식적이고 개인적인 형태를 띤다는 점에서 차이가 있다.
방탕한 축제에는 은밀한 사랑에 없는 장점이 있다.
그것은 개인에게 자유롭게 행동할 여지를 제공하지만,
모든 사람들이 수용할 수 있는 분명한 한계도 정해놓는다는 점이다.

「카니발의 마지막 잔치 풍경」 중 〈정어리의 매장〉, 고야 Francisco José de Goya y Lucientes, 1746~1828

고대 지중해문화권을 비롯하여 켈트족, 아일랜드족의 경우뿐 아니라 세계 도처에서 횡행하던 하나의 관습이 있었다. 그것은 바로 특정한 어느날 밤, 기존의 성질서를 무너뜨리는 방탕한 축제로, 어떤 곳에는 일주일 내내 지속되기도 했다.

모든 사람들이 자연의 힘을 소생시킨다고 믿으며, 마술적이지만 경건한 의도에 따라 정해진 기간 동안 낯선 남녀라도 자유롭게 성관계를 맺었다. 이를 피하거나 거부하는 사람은 신성한 전통을 경멸하는 자이거나, 유희의 즐거움을 깨는 사람으로 간주되어 비난받았다. 이로부터 정확히 9개월 후에 태어난 아이 역시 정식결혼에서 낳은 아이와 똑같이 받아들여졌다.

하지만 이때 만나 성관계를 맺은 남녀가 관계를 계속 이어가는 것은 엄격히 금지되었다. 물론 1년 후 다시 만날 약속을 하는 것은 어쩔 수 없지만.

이교도적인 의식의 흔적과 방탕한 풍습을 인간의 일상생활에서 탐구하고, 이를 원시문화의 의식과 비교했던 최초의 학자들은 이것을 '밸브 관습'이라고 불렀다.

이 관습은 고대 로마인의 새턴 축제(고대 로마에서는 12월에 농경의 신 새턴에게 제사를 올렸는데, 이 제사에서 자유분방하게 벌어지는 축제를 말한다), 그리고 중세시대의 바보축제와 비슷했다. 이때 노예들은 자신의 주인에게 몸을 주기도 하고, 축제를 진행하는 주최자들은 바보스런 의상을 차려입고 냄새나는 구두창을 향로에 집어넣으며 신성한 의식을 치르기도 했다.

당시 권력층이 이 방탕한 축제를 허용한 이유는 엄격한 법과 질서를 유지하기 위해서였다. 모순으로 들릴지 모르겠지만, 법과 제도가 너무 엄격하면 사람들이 이를 위반할 가능성이 커지기 때문에 정기적으로 한번씩 고삐를 늦추어줄 필요가 있었던 것이다.

방탕한 축제는 압력솥에 있는 안전밸브와 비슷한 기능을 한다. 말하자면 솥이 폭발하기 전에, 솥안 가득 찬 가스를 배출하는 안전밸브와 같은 기능을 이 축제도 가지고 있었던 것이다.

사회사적으로 볼 때 은밀한 사랑은 자아와 규범을 순간적으로 망각하는 방탕한 축제의 후계자라고 볼 수 있다. 물론 비공식적이고 개인적인 형태를 띤다는 점에서 차이가 있다.

방탕한 축제에는 은밀한 사랑에 없는 장점이 있다. 그것은 개인에게 자유롭게 행동할 여지를 제공하지만, 모든 사람들이 수용할 수 있는 분명한 한계도 정해놓는다는 점이다. 반면 은밀한 사랑은 자유롭게 행동할 여지를 주지만 그 한계가 외부에서 주어지는 것이 아니라, 두 사람이 지게 될 부담과 다른 사람에게 지우는 부담을 저울질하면서 당사자가 고통스럽게 상의해서 결정해야 한다.

자아를 망각하고 벌이는 방탕한 축제의 장점을 보자.

1. 은밀한 사랑이 쉽게 이루어질 수 있다. 하지만 그 한계도 분명하다.
2. 부부는 비밀이 폭로될 것을 두려워할 필요가 없고, 상대에게 속고 있다는 느낌을 가질 필요도 없다.
3. 부부는 모든 욕구를 충족시켜주어야 한다는 교만한 요구―보호받고 싶거나 안전의 욕구를 충족받고 싶

은 경우 등 ― 를 수용하면서 동시에 그것을 무의미하게 만들 수 있다(성적 환상을 유지하고 충동을 만족시킨다는 점에서 그렇다).

공개적이면서도 은밀하게 일어나는 이 방탕한 축제는 평상시와 다른 시간, 다른 공간에서 일어난다. 이곳은 숨이 막힐 정도로 황홀한 세계이지만, 축제가 끝난 뒤에는 아무일도 없었다는 듯 일상으로 돌아가는 세계이다.

방탕한 축제에는 여러가지 면에서 상당히 인간적인 모습이 있다. 무엇보다 진정으로 자식을 원하지만 아이를 가질 수 없는 부부에게 축복이 아닐 수 없다.

오늘날 아이가 없는 부부는 의학적인 검사를 받는다. 자신 때문에 아이가 생기지 않는 사람에게 정자의 수가 부족하거나, 난자가 순조롭게 나오지 않는 것이 그들의 책임이 아니라고 위로한들 무슨 소용이 있겠는가. 인공적인 수정 방식은 인간의 존엄성을 손상시키기 때문에, 이런 방식을 선택한 부부는 그 후유증으로 성생활도 제대로 하지 못하는 경우가 허다하다.

그에 비하면 한여름밤, 혹은 달빛이 그윽한 어느 봄날의 성스러운 밤에 방탕한 축제로 이 문제를 해결하는 것은 얼마나 인간적으로 세련된 방법인가! 훗날 아이가 태어나면 이 아이는 신의 아이가 되었고, 아버지는 아이를 자랑스레 여겼다.

그러나 기독교적 전통과 시민들 사이에 도덕의 이중잣대가 등장하면서 사랑의 영역에는 분열이 생겼고, 이 분열은 인간의 무의식 속에 자리잡게 되었다. 이때부터 사람들은 성녀와 창녀, 사회경제적으로 안정을 주는 남자와 성적으로 매력적인 남자, 아버지(어머니)와 애인 사이에서 갈등하게 된 것이다.

서양사를 보면 성적으로 아무것에도 구속받지 않던 시대가 있었다. 남근 모양의 큰 돌이 대로변에 서 있었고, 판이나 헤르메스 또는 디오니소스처럼 스스로 여자들의 불임을 해결해주기 위하여 그녀들과 잠잤노라고 떳떳하게 주장하던 신들도 있었다.

하지만 기독교는 이 축제를 방탕하고 사악한 짓이라고 낙인 찍고, 이 전통을 없애기 위해 투쟁을 벌였다. 결국 축제를 총괄하던 남근적 신(판이 염소다리를 하고 있으므로)은 모든 여자와 성관계를 맺는 악마로 탈바꿈하게 되었고, 마녀를 사냥하던 수도승은 그런 신의 정액을 부정한 것이라고 여기기에 이르렀다.

오늘날에도 인도를 여행한 사람이라면 도처에서 남근숭배의 예식이 공공연하게 치루어지고 있는 현장을 목격했을 것이다. 그러나 이제 유럽에서는 이런 모습을 찾아볼 수 없다.

나폴리에 있는 한 박물관은 고대의 음란한 그림들을 특별실에 보관하고 일반인의 관람을 금지시켰다. 내가 폼페이에서 만난 한 여행가이드는 프리아푸스(다산과 풍요로운 결실, 초목의 신으로 거대한 남근을 지니고 있다)의 남근을 묘사한 그림이 보관되어 있는 방의 문을 열기 전에 별도의 팁을 요구하기도 했다. 비디오 대여업자가 올리는 총 매상고의 80%가 포르노 영화에서 얻는 수입이라는 사실은 더 이상 놀랄 일이 아니다.

고대 그리스의 한 문헌을 보면 어떤 남편에 대한 음란한 이야기가 나온다. 그는 아내와 그녀의 애인이 함께 있는 장면을 보고 놀라지만, 곧 이 남자의 항문에 자신의 성기를 삽입한다는 것인데, 사실 이 이야기는 외도와 전혀 다른 차원의 것이다.

고대신화에서는 보카치오의 소설에서처럼 자신의 아내를 법정에 세우려고 하는 질투심 많은 남편을 전혀 존경받지 못할 인물로 묘사하고 있다.

그리스 신화의 한 장면을 이야기해보자.

제우스는 아프로디테와 헤파이스토스를 결혼시켰다. 하지만 그녀가 낳은 아이들의 아버지는 정열적인 전쟁의 신 아레스였다. 아프로디테는 수년 동안 자신의 애인을 숨겨둔 채, 유능한 대장장이 남편을 존경하면서 살았다.

그러던 어느날 아레스의 성전에 간 아프로디테는 두 사람이 누워 있는 침대 위로 아침해가 떠오를 때까지 사랑을 나누었다. 마침 태양마차를 주관하던 하일로스는 두 사람의 밀애를 목격했고, 헤파이스토스에게 자신이 본 장면을 밀고해버렸다.

화가 난 헤파이스토스는 복수를 결심했다. 그는 밀애현장을 잡을 목적으로 찢기지 않는 투명그물을 만들었고, 그것을 부부침대의 기둥에 묶어 두 사람이 빠져나오지 못하도록 했다. 이런 사실을 전혀 눈치채지 못하고, 아레스가 살고 있는 트라키엔에서 돌아온 아프로디테는 코린스에서 너무 많은 일을 처리하다보니 늦었노라고 거짓말했다. 헤파이스토스는 터져나오는 분노를 가까스로 누르고 잠시 렘노스에 가야 할 일이 생겼다면서 자리를 피했다.

그가 여행을 떠나자 아프로디테는 아레스에게 헤파이스토스의 부재를 알리고 자신에게 오라는 전갈을 보냈다.

아프로디테와 아레스의 밀애 현장을 잡은 헤파이스토스. 그는 투명그물을 만들어 두 사람을
침대에 가둬놓고, 제우스를 비롯한 모든 남신을 불러모아 두 사람의 불륜행각을 고발한다.

두 사람은 헤파이스토스가 복수할 의도로 만들어놓은 침대에서 사랑을 나누었고, 그의 의도대로 새벽이 올 때까지 빠져나올 수 없었다.

헤파이스토스는 외도의 목격자로 모든 신들을 불러모았다. 제우스에게는 자신이 결혼선물로 바쳤던 값비싼 물건들을 되돌려달라고 호소했다.

이 한편의 재미있는 연극을 보기 위해 참석한 신들은 모두 남신뿐이었다. 여신들은 수치스러운 나머지 집에서 꼼짝도 하지 않았다. 그런데 헤파이스토스는 예상치 못한 큰 어려움에 직면하고 말았다.

아폴론은 팔꿈치로 헤르메스를 툭 치며 말했다.

"어때, 자네 역시 저런 꼴을 당하더라도 아레스가 되고 싶을 테지?!"

그러자 헤르메스는 삼중 그물이 둘러져 있더라도, 또 모든 여신이 자신을 지켜보는 한이 있더라도 저토록 아름다운 여자라면 당장 잠을 자겠노라고 솔직하게 털어놓았다. 이 말을 들은 신들은 모두 호탕하게 웃고 말았다.

잠시 후 제우스는 탐탁치 못한 듯 등을 돌리며 자신은 이 싸움에 개입하고 싶지 않다고 말했다. 헤파이스토스야말로 자신의 수치를 모두에게 알리는 바보가 아니냐는 핀

잔도 잊지 않았다.

포세이돈 역시 발가벗은 아프로디테를 보는 순간 사랑에 빠지고 말았다. 그는 이미 아레스의 보증인이 되겠다고 약속한 상태였다.

결국 아프로디테와 아레스는 풀려나게 되었고 아프로디테는 사이프러스 섬에 있는 파포스로 갔다. 바닷물로 목욕하여 다시 처녀성을 얻기 위해서였다.

훗날 아프로디테는 은혜에 보답하는 의미로 자신의 편을 들어주었던 모든 남신들과 하룻밤 정사를 나누었다.

헤르메스에게는 헤르마프로디토스를 낳아주었는데, 이 아이는 남성과 여성을 동시에 소유한 양성의 아이였다. 포세이돈에게는 두 명의 아들, 즉 로도스와 헤로필로스를 낳아주었고, 디오니소스에게는 아들 프리아포스를 낳아주었다. 나중에 이 아이는 거대한 남근을 가진 못생긴 난쟁이가 되었다.

신화를 얘기하다보니 아주 길어졌는데 이제 헤파이스토스, 아프로디테, 아레스 세 사람의 관계를 현대적으로 풀어보자.

아프로디테라는 여자는 헤파이스토스라는 남자와 결혼했다. 그녀는 이 남자로부터 어머니에게서 얻지 못한 미덕을 얻을 수 있었다. 그는 안정과 보호, 그리고 절대적인 신뢰를 주는 사람이었다.

그는 모든 일을 철저하고 유능하게 처리하여 직장에서 능력을 인정받았지만, 다른 사람을 지도하고 이끌어 나가기에 적합한 성격은 아니었다. 처음에는 두 사람 사이에 특별한 일이 생기지 않았다.

두 사람 모두 유능한 직장인이었으며 여행을 좋아했다. 얼마간 세월이 흐른 뒤 자신보다 더 출세한 동창들을 만나본 헤파이스토스는 다니는 직장이 대기업이라 좀 아깝긴 하지만 그래도 사표를 내고 사업을 해볼까 하는 고민에 빠졌다. 그러나 평소 늘 안정적인 것을 추구해오던 그는 이런 고민도 잠시, 곧 그만두었다.

한편 아프로디테는 결혼해서 몇 년이 지나도록 변화 없이 반복되는 따분한 결혼생활에 대하여 남편과 상의하려고 했다. 하지만 남편은 그녀의 말에 귀를 기울이지 않았다. 그녀가 처음으로 외도했을 때도 마찬가지였다. 그녀는 이 사실을 남편에게 알리고자 했지만, 남편은 다른 남자의 이야기 따위는 듣고 싶지 않다며 자꾸만 회피했다.

얼마 후, 아프로디테는 다른 도시에 있는 더 좋은 자리로 전근할 수 있는 멋진 기회를 얻었다. 그녀는 매우 기뻐

하며 이 기회를 살렸다. 그때부터 부부는 각각 다른 집에 살면서 주말부부가 되었다. 새 도시에서 그녀는 새로운 친구들을 사귀게 되었고(그녀는 더이상 이 사실을 남편에게 말하지 않았다), 가끔씩 애인도 만들었다.

여기서 우리는 강인한 성격과 관대한 성격 사이에서 은밀한 사랑이 어떻게 타협점을 찾게 되는지 볼 수 있다.

아프로디테는 자신의 의도를 공공연하게 실행할 정도로 결단력 있지만 무자비하지는 않다. 또 자신의 욕구를 포기할 정도로 순종적인 타입도 아니다. 그녀는 결혼생활을 무난하게 유지하면서 자신의 욕구도 만족시키려 한다.

헤파이스토스가 아프로디테를 소유하고 있다고 믿는 것은 크사비어 볼비저*가 자신의 아내 한나를 소유하고 있다고 믿는 것처럼 결정적으로 아주 중요한 요소이다. 그는 이런 믿음만 잃지 않는다면 만족하면서 살아갈 수 있는 유형이다.

현대적인 헤파이스토스는 신화에 나오는 헤파이스토스보다 훨씬 재치 있다. 그는 아내에게 속고 있지만, 그것이 사실인지 아닌지 고민하지도 않을 만큼 현명하기도 하고 게으르기도 하다. 그는 질투하지도 않지만, 그렇다고 해서 아내가 정절을 지키거나 말거나 상관없다는 식의 인상을 주지도 않는다. 그러니 이 현대판 헤파이스토스 같은 사람을 배우자로 두었을 때, 상대는 수년 동안 외도해도 괜찮을 것이다.

그러나 아프로디테는 그다지 행복하지 않다. 결과적으로 그녀는 자신이 어렵게 만들어놓은 상황을 진정으로 즐길 수 없게 되는데, 이것은 그녀의 애인이 두번째 남자로 고착되면서부터이다.

기혼자 애인 아레스는 아이 때문에 어쩔 수 없이 지금의 아내와 살고 있다고 주장한다. 그는 아프로디테에게 그녀가 세상에서 제일 아름답다는 찬사를 아끼지 않는다. 만일

---

★  1926년, 오스카 마리아 그라프가 쓴 『볼비저』의 주인공. 이 작품은 부부관계를 파탄으로 몰고 간 남자주인공을 다룬 19세기의 고전적 소설. 테오도르 폰타비의 『에피 브리스트』나 플로베르의 『마담 보봐르』와 달리 이 소설은 소도시에 사는 남자주인공이 결혼을 파탄시킨다는 내용이다.

이 작품에서 작가 그라프는 현대적 결혼 풍토를 잘 묘사하고 있다. 즉 남자는 사랑보다 출세를 위한 결혼을 원하기 때문에 평범한 가정의 여자를 선택하지 않는다는 것이다. 남자주인공 크사비어 볼비저는 농촌 출신이었지만, 공무원이 되어 안정적이고 소시민적인 위치로 신분이 상승하게 된다. 역장이 된 그는 부유한 양조장집 딸과 결혼한다.

에드워드 알베의 희곡 『누가 버지니아 울프를 두려워하랴』 역시 이러한 남녀관계를 다룬 전형에 속한다. 출세를 원하는 젊은 교수는 학장의 딸과 결혼하지만 아이가 생기지 않는다. 그는 늘 장인의 기준에 따라 모든 일이 판단되는 것에 불만을 갖는다.

두 사람이 모두 싱글이라면 당장 결혼할지도 모른다.

수시로 출장가는 직업에 종사하는 아레스는 2주에 한번씩 아프로디테에게 들르는데 별 어려움이 없다. 이렇게 만난 두 사람은 함께 연극도 보고, 식사도 하고, 밤에는 격렬한 사랑을 나누기도 한다.

"아레스는 저에게 너무 강한 남자랍니다. 그는 마치 저를 삼켜버릴 것만 같아요. 하지만 그와 고정적인 관계를 맺고 싶지는 않습니다. 주말을 헤파이스토스와 함께 보내면 푹 쉴 수 있지요."

아프로디테는 말한다.

아프로디테는 아레스와 함께 살게 되는 상황을 끊임없이 상상해보았다. 그러자 가슴 설레는 사랑은 이내 지겨워질지도 모른다는 두려움으로 바뀌었다. 게다가 아레스는 자신에게 손찌검을 할지도 모른다. 아레스가 아내에 관하여 얘기할 때면 매우 거칠어졌고, 아프로디테는 이런 점을 놓치지 않았던 것이다.

두 사람의 관계가 아직 불안했던 시절 아프로디테는 몇 번의 위기를 겪었다. 그녀가 아레스의 영역과 자신의 영역 사이에 그어진 경계선을 넘어버렸기 때문이다.

그녀는 학술회의 때문에 출장가야 한다며 몇 번이나 헤

파이스토스를 속인 채, 아레스와 함께 해변가로 놀러간 적이 있었다.

이 아름다운 해변은 아프로디테가 남편 헤파이스토스와 자주 다니던 곳이기도 했다. 그래서일까. 이곳에 머무는 내내 그녀는 가는 곳마다 남편이 불쑥 튀어나올 것만 같아 마음이 편치 않았다.

불안한 마음이 점점 커지자 그녀는 헤파이스토스든 아레스든 둘 중 한 사람과는 헤어져야겠다고 마음먹었다. 하지만 한 사람과 헤어지는 게 아니라 두 사람 모두 잃을 것 같은 느낌에 그것도 쉽지 않았다.

아프로디테는 직장생활에도 점점 흥미를 잃어갔다. 아무리 열심히 일해도 끝없이 떠오르는 의문은 사라지지 않았다. 지금쯤 아기를 가져야 할까? 그녀는 이 문제를 차일피일 미루었다. 언젠가 아기를 꼭 낳고 싶지만, 아기를 가지면 지금까지 성공하기 위해 기울였던 모든 노력이 물거품이 될까봐 두려웠던 것이다.

그러나 이제는 아레스와의 관계가 안정되었고, 아기를 가져도 괜찮은 시기라는 판단이 섰다. 결심을 굳힌 그녀는 아레스와의 잠자리에서는 피임을 했고, 헤파이스토스와의 잠자리에서는 피임하지 않았다. 하지만 어찌된 일인지 임신이 되지 않았다.

아프로디테는 큰 모험을 결심하고 아레스와의 잠자리에서도 피임하지 않았다. 헤파이스토스의 아이든 아레스의 아이든 분명한 것은 그녀가 아기를 갖고 싶다는 것이었다. 다른 문제는 임신이 된 다음 생각하기로 했다.

마침내 임신에 성공한 그녀는 아이의 아버지가 아레스라는 사실을 확신할 수 있었다. 하지만 그녀는 헤파이스토스에게 당신의 아이를 임신했다고 말했다. 그리고 아레스에게는 아이의 아버지가 헤파이스토스라고 말했다.

이쯤 되면 오늘날의 아프로디테는 올림푸스의 여신이 아니라, 평범한 여자라는 사실이 분명해진다. 그러니까 두 남자—남편과 애인—로부터 애정과 보호를 받으면서도 이들에게 예속되어 있는 자신을 극복할 수 있으리라고 희망을 가진 여자, 이 현대판 아프로디테가 균형을 잡기 위해 쥐고 있는 막대기의 양쪽에 두 남자가 매달린 모습은 줄타는 광대와 다름이 없다.

두 남자는 서로에 대해 그녀만큼 알지 못한다. 그녀는 두 남자 모두에 대해 잘 알고 있다. 한번은 남편으로부터, 또 한번은 애인으로부터 사랑받고 보호받으면서 한편으로 너무 기울지 않도록 균형을 잡으려고 애쓴다.

남편이나 애인처럼 자유로울 수는 없을까? 아프로디테가 보기에 두 남자는 자신과 달리 매우 자유롭게 보였다. 어쩌면 아프로디테 자신도 수년에 걸쳐 노력했더라면 두 남자처럼 자유로움을 느낄 수 있었을지도 모른다.

하지만 사실은 그렇지 않다. 그녀가 자신이 마음대로 조종할 수 없고, 오히려 자신을 피곤하게 만드는 남자를 사랑하게 되었기 때문인 것이다.

신화에 나오는 아프로디테가 모든 남자들이 자신에게 반하도록 마법의 허리띠를 두르고 있었듯이, 그녀 역시 두 남자가 계속 자신을 사랑할 수 있도록 노력해야 했다. 그래서 그녀는 여유로운 자유를 느끼지 못했다. 단지 남자를 선택하는 자유만 향유했을 뿐이다.

임신기간 중에 그녀는 두 남자를 어떻게 대해야 할지 고민에 고민을 거듭했다. 아레스와 헤어질 수밖에 없다고 혼잣말을 했지만, 그것은 결코 쉬운 일이 아니었다. 그녀는 아이가 태어나기 전까지만이라도 아레스를 만나기로 결정 내렸다.

아프로디테와 헤파이스토스는 여전히 부부로 살고 있었다. 아레스는 가끔씩 그녀에게 들렀고, 남편은 그에 관해 전혀 모르고 있었다. 하지만 문제가 생겼다. 아들 안톤이 말을 하기 시작하면서부터 어떤 손님이 왔는지, 얼마 동안 머물렀는지 자세히 관찰할 수 있기 때문이다.

"그렇다고 해서 아이를 늘 보모에게 보내 그곳에서 자게 할 수는 없었어요"

아프로디테는 말했다.

"제가 너무 자주 아레스를 거부하면, 그가 더이상 나를 만나러 오지 않을까봐 두려워요."

이 마지막 말을 보면, 아프로디테가 두 남자와 벌이는 유희에는 무언가 진지한 원인이 숨어 있음이 분명하다. 즉 그녀는 버림을 당하는 것과, 모든 것을 잃게 되는 것을 무척 두려워하고 있음을 알 수 있다.

그녀는 제2의 인생을 미리 만들어둔 것이다. 마치 30년 전쟁 때 자신의 농장이 불타버릴 경우를 대비해서 숲속에 피신처를 마련해두었던 농부처럼 말이다.

섹스와 증오심은 인간의 환상 가운데 역사가 아주 오랜 환상이다. 오르가슴을 느낄 때면 어느 순간 우리는 자아를 잊고 스스로를 통제할 수 없게 된다. 때문에 섹스행위는 항상 이별과 상실이라는 문제를 던져준다.

만일 상실에 대한 두려움이 너무 강하고 쉽게 상실감에 휩싸이게 된다면, 사람들은 오르가슴을 느끼지 않으려고 하거나 이를 통제하려 들 것이다. 그러면 성적인 흥분은 고원의 평평한 지역과 같은 곳에 이르게 되는데, 이 상태에서 느끼는 성적 흥분은 그다지 위태롭지 않다. 절정으로 가지만 않으면 되니까.

은밀한 사랑은 상대에게 예속되지나 않을까 하고 두려워하는 마음을 완화시켜준다. 단, 두 사람이 이 두려움을 나누어 가질 수 있을 때 그렇다. 또 이 사랑은 일상생활에 오르가슴과 같은 요소를 선사해주기도 한다.

은밀한 사랑에 빠진 사람이 부부 또는 연인 사이에 문제가 생겨서 정말 답답하지만, 그렇다고 쉽사리 헤어질 수 있는 상황도 아닐 때, 그(그녀)는 혼자서 찾아갈 수 있는 내밀한 공간을 마음속에 지녀야 한다.

축제기간 동안 사람들이 포도주를 많이 마신다는 공통점이 있음에도 불구하고, 디오니소스의 종교의식과 카니발(축제) 사이에는 상당한 차이가 있다.

현대의 은밀한 사랑에는 자아를 망각하고 벌이는 방탕한 축제적 요소가 약간 들어 있다. 남근을 숭배하던 고대 종교의 비의(秘儀)는 이제 역사의 뒤안길로 사라졌다. 따라서 일년에 한 차례 사람들의 억압된 심리를 풀어주는 축제를 집단적으로 벌일 필요는 없게 되었다. 물론 기존의 가치관에 얽매이지 않고 방탕하게 행동하는 사람은 여전히 많지만 말이다.

축제가 벌어졌던 밤과 정화의식을 치르는 순간(여신이 순결함을 다시 얻기 위해 목욕을 한다든지 하는) 사이에는 내적인 갈등이 자리잡는다. 은밀한 사랑을 나누는 사람의 삶 역시 질서정연한 부부의 사랑과 비밀스럽고 자유스러운 사랑으로 구분된다.

은밀한 사랑을 할 경우 절대로 어겨서는 안 되는 하나의 철칙이 있다. 그것은 바로 공개되어서는 안 된다는 법칙이다. 만일 그렇게 되면 이 사랑이 지니고 있는 자유와 마력의 일부분을 잃고 말 것이다.

비밀이 노출된 다음, 이전의 상태로 돌아가려면 엄청난 노력을 해야 하고, 이 노력은 끝내 아무런 결실을 맺지 못할 가능성이 높아진다.

# 제 6장

# 유혹하는 본능 vs 다중인격

많은 사람들이 현실에서 자신에게 부과된 책임을
너무 무겁다고 느끼기 때문에, 그들이 최면으로 넘어가는 과정은
한층 더 매력적이다. 또한 정치적이거나 종교적으로
열성적인 성향을 띤 대중이 늘어나는 현상은
오늘날 유행처럼 퍼져 있는 다중인격과 관계가 깊다.

〈피에로〉, 루오 Georges Rouault, 1871〜1958

자아를 망각하는 방탕한 축제가 벌어지면, 이 축제에 참여한 사람들은 평소의 자아로부터 탈출하여 탐닉의 세계로 빠져든다. 그러나 이제 축제가 벌어지던 시대는 지나갔고 마침내 기술이 지배하는 문명사회가 도래했다. 방탕한 축제는 점차 역사에서 사라졌지만, 대신 다른 형태의 문화가 등장하게 되었다.

사회는 카니발이나 바보축제를 어린이와 청소년, 혹은 전통을 숭배하는 단체에서나 행하는 놀이라고 계몽하였으며, 당시 싹트고 있던 의학과 심리학은 황홀경에 빠져서 이 축제를 연구대상으로 삼기 시작했다.

독일인 신학자 프란츠 안톤 메스머(Franz Anton Mesmer, 1734~1815)는 무당의 후계자라고 할 수 있다. 훗날 그는 빈에서 의사가 되었으며, 추종자에게 개인적 교육을 행하기도 했다. 그는 자신에게 '원초적 마력'이 존재한다고 믿었고, 이 비법을 통해 병의 치료가 가능하다고 확신했다.

그가 유명해진 것은 파리에서 열린 어느 강령술 모임에서였다. 당시 그는 빈에서 스캔들을 일으켜 파리로 도주해 있었다. 모임에서 그가 마술을 걸어둔 양동이를 만졌다. 그러자 참석해 있던 신사숙녀들이 갑자기 경련과 발작을 일으키며 깊은 잠에 골아떨어졌다.★

메스머의 추종자들은 하나같이 그가 예고했던 반응을 보인 것에 반해, 파리의 학술원 회원들은 그 소식을 듣고도 무관심으로 일관했다. 때문에 그와 같은 현상을 '암시'라는 개념으로 정의하고 의학적인 연구에 들어갈 때까지는 상당한 시간이 걸렸다.

그 중간 지점은 방탕한 축제와 은밀한 사랑을 관찰하는 사람에게 아주 흥미롭게 다가오는 부분으로, 바로 몽유병이라는 문화이다. 이는 오늘날 대중매체에서 진지하게 다루는 '다중인격'과도 관련이 있다.

메스머의 제자였던 프랑스의 한 후작은, 자신의 농장에서 일하는 농부와 양치기에게 최면을 걸어 잠들게 한 다음

---

★ 볼프강 슈미트바우어, 『영혼 다루기-마술과 학문 사이에서의 심리치료』, 님펜부르그 출판사, 1998.

다시 깨우는 실험을 했다. 그는 이들이 깨어났을 때 최면 상태를 전혀 기억할 수 없게끔 만들 수도 있다는 사실을 처음으로 밝혀냈다.

이러한 실험으로부터 심리분석이라는 학문이 발전하게 되었고, 프로이트 역시 정신분석학을 주창하기 전에는 최면술을 배우고 자주 사용했다고 한다.

최면술사는 사람을 인위적으로 어떤 상태가 되게 만들 수 있다. 이 상태에 빠진 사람은 마치 자동기계처럼 행동하게 되거나 자신이 받았던 교육, 혹은 이성이나 양심 때문에 뛰어넘지 못했던 장벽을 뛰어넘기도 한다.

영화나 소설을 보면 사악한 마술사가 나와서 아무 죄도 없는 사람에게 최면을 걸어 자신이 원하는 일을 시키는 경우가 있다. 도둑질을 시키기도 하고, 최면에서 깨어나면 살인하기도 하는데, 이러한 장면은 사람들에게 최면이 가진 놀라운 힘을 암시하는 시도일 뿐 실제와 다르게 표현되는 수가 많다.

최면을 믿고 몸을 맡길 준비가 되어 있는 사람만 최면의 영향을 받을 수 있다. 그러니 이 영향력은 믿을 수 없고, 변덕스러우며, 예측할 수도 없는 것이다.

최면에 대하여 다양한 비판을 펴고 있는 학문적 입장에

서 보더라도, 인간에게는 우리가 의식하지 못하는 영역이 있기 때문에 무기력을 인정해야 한다는 최면술사들의 주장은 우리에게 도움을 주기보다 오히려 위협하는 술수로 들린다.

사람들은 흔히 몽유병자(하인리히 폰 클라이스트의 기사극 『하일브론의 작은 오두막집』에 등장하는 주인공처럼)가 미래를 볼 수 있고, 질병을 치료할 수 있으며, 보물을 찾을 수 있다고 믿어왔는데, 오늘날까지도 그렇게 믿는 사람들이 있다. 그들은 고대 원시사회에서 의사를 겸한 무당이 지녔다는 능력, 즉 피안의 세계와 지하세계를 접촉할 수 있는 능력을 몽유병자가 지녔다고 생각한다.

이러한 몽유병자와 은밀한 사랑에 빠진 사람은 공통점이 있다. 그것은 바로 주위에서 알고 있는 평소 그(그녀)의 모습과는 다르게 행동한다는 점이다.

발각된 사람들은 흔히 이렇게 말한다.

"내가 무슨 짓을 했는지 모르겠어."

"아주 강한 어떤 힘에 이끌렸어."

"그것은 내가 한 짓이 아니야."

아니면 술에 취해 있었거나 마약을 복용하여 판단력이 흐린 상태였다고도 말한다.

많은 사람들이 현실에서 자신에게 부과된 책임을 너무 무겁다고 느끼기 때문에, 그들이 최면으로 넘어가는 과정은 한층 더 매력적이다. 또한 정치적이거나 종교적으로 열성적인 성향을 띤 대중이 늘어나는 현상은 오늘날 유행처럼 퍼져 있는 다중인격과 관계가 깊다.

다중인격에 관한 기록은 모턴 프린스(Morton Prince, 1854~1929)가 최초로 남겼다. 그의 환자였던 미스 부샹이 깨어 있을 때의 인격체(좀더 구체적으로 말하면, 치료를 필요로 하는 인격체)는 지나치게 관습을 중시하는 엄격한 젊은 여성이었다. 그녀가 쓴 편지를 보면 대부분 자아비판으로 가득할 정도로 심각했다.

그러다 이 모범적인 '성녀'는 갑자기 공격적인 여자 '셀리'로 타락하거나 미친 듯 청소하는 멍청한 여자로 변하는데, 셀리는 이 여자를 '멍청이'라고 불렀다. 제정신의 부샹은 셀리와 멍청이라는 인물을 모르고 있으며, 멍청이 역시 부샹과 셀리에 대해 모르고 있었다.

그런데 셀리는 멍청이를 알고 있었다. 그리고 부샹에게 악의에 가득 찬 편지를 보내곤 했다. 부샹이 거미를 보면 기겁한다는 사실을 잘 알고 있었기에 셀리는 거미를 넣은 편지를 보내기도 했다.

셀리는 돈을 펑펑 쓰는 것을 좋아했고 돌아다니는 걸 즐기는 편이었다. 담배를 전혀 피우지 않는 부샹이 지저분한 술집에 앉아서 담배 피우고 있는 자신을 갑자기 발견하고는 소스라치게 놀라기도 했다.

프린스가 묘사한 부샹의 경우는 극단적인 엄격함과 무례함이 혼합된 신경과민이라는 증상의 특징을 잘 보여주고 있다. 프린스는 부샹이 어릴 때 강간당한 경험이 있다는 사실을 암시한다. 오늘날 전문가들은 이런 사건을 다중인격이 발생할 수 있는 한 원인으로 본다. 강간당한 여자들은 고통을 극복하기 위하여—가령 사랑하는 아버지가 자신을 범한 파렴치한 인간이었다면—자신의 인격 가운데 이 기억을 간직한 특정 부분을 자신에게서 분리시켜야 할 것이다.

여기에 대해서는 현재까지 서로 엇갈린 주장이 있다. 어떤 학자는 정신분석학이 존재하지 않았더라도 이런 다중인격자가 나타날 수 있을까 하는 의문을 제기한다. 다시 말해 이런 현상을 믿는 정신과의사가 있기 때문에 이 증상도 생긴 거라는 뜻이다.*

프로이트는 정신분석학 초기에, 최면에서 깨어난 사람들이 최면상태를 완전히 잊어버리지 않는다는 사실을 발견해냈다. 단, 최면술사가 최면에 걸린 사람이 기억할 수 있다고 확신하면 그는 기억하게 될 것이고, 반대로 최면술사가 어떠한 경우에도 기억할 수 없다고 믿는다면 그는 아무것도 기억하지 못한다는 것이다.

프로이트는 의과대학 교수이던 프랑스인 이폴리트 베르네임을 찾아 낭시로 갔다.

베르네임이 일하고 있는 무료병원에 온 가난한 환자들

---

★ 「만일 나에게 여러 인격체가 존재한다면」이라는 논문에서 요헨 파울루스는 이 문제를 다루고 있다. 그는 다중인격이라는 진단을 국가적으로 서로 상이하게 평가하고 있다는 사실을 지적한다.

다중인격에 찬성하는 미국 의사들은 국민의 3%(대략 7백만 명)가 이런 증상을 가지고 있다고 보는 반면에, 스위스 의사들 가운데 90%는 지금까지 한번도 그런 환자를 보지 못했다고 주장했다.

다중인격 자체를 의심하는 사람들은, 그런 환자는 의사가 의도적으로 길러낸 환자이며, 개인적인 문제를 편안한 방법으로 합리화시킬 때 의사는 다중인격을 들먹거린다고 주장한다.

반면에, 이에 찬성하는 자들은 오진(정신분열증, 경계적 인격)을 지적한다. 그리고 찬반에 참여하지 않은 채 관찰자의 입장에서 보았을 때, 만약 다중인격 연합회의 회장이 이 질병은 CIA의 공작으로 생겨난 희생자일 뿐이라고 확신하는 논문이라도 읽게 된다면 관찰자들은 불안한 느낌을 가질 것이다.

그런가 하면 신빙성이 거의 없는 주장을 하는 작가들도 있는데, 이들은 아동학대의식을 치르는 사악한 단체가 그 원인이라고 주장한다. 최면에 걸린 환자는 최면술사가 믿는 것만 기억한다. 때문에 암시를 통해 치료한다는 구실로 근친상간과 강간을 일삼는 단체가 있는데, 이를 철저한 조사와 증거 없이 인정해주는 것은 부당한 처사라고 주장한다.

은 쉽게 최면에 걸리는데 비해, 프로이트를 찾아오는 환자들은 치료비를 잘 내는 일반시민이었으나 어찌된 일인지 최면에 잘 걸리지 않았다.

프로이트는 당시 최고로 유명한 최면술사로부터 자신이 안고 있는 문제의 해결책을 찾고 싶었던 것이다. 그가 베르네임의 진료하는 광경을 보게 되자, 베르네임은 순종하지 않는 환자들에게 고함치기 일쑤였다.

"아니, 당신이 도리어 나에게 최면을 걸려는 거요?"

하지만 환자라고 해서 왜 그럴 권리가 없단 말인가? 프로이트는 이렇게 말하고 있다.

"그런 장면을 보자 거부감이 일었다. 결국 나는 최면술의 암시 자체에 대해서는 설명할 필요가 없다는 주장에 반기를 들게 되었다."★

그리하여 순수하게 합목적적으로 사용하는 암시(심리치료사의 주관적인 관심과 최면을 거는 상황이 고려되지 않은)와 달리, 정신과의사의 암시는 치료의 결과를 결정짓는 중요한 요소가 되었다.

다시 말해, 환자를 치료하는 다양한 방법은 오늘날 아주

---

★ 지그문트 프로이트, 『군중심리와 자아분석』 전집 XIII, p9.

중요하게 결과에 영향을 미친다. 환자와 정신과의사 사이에는 지식과 권력에 있어 상당한 차이가 나기 때문에 이 두 요소를 어느 정도 반영하느냐에 따라 여러가지 치료방법이 나오는 것이다.

그런데 흥미로운 사실은, 치료에 최면술을 사용하고 이 치료법을 신뢰하는 의사나 심리치료사들이 막상 자신에게 문제가 생겼을 때는, 같은 학파의 동료에게 치료받지 않고 일반 정신과의사나 체험 위주로 치료하는 의사에게 고민을 털어놓는다는 점이다.

모턴 프린스는 최면상태에서 부샹의 인격과 멍청이의 인격을 서로 화해시키는데 성공했다. 그리고 이에 대하여 셀리가 비웃는 행위도 중지시켰다.

부샹을 치료하면서 그가 알게 된 현상은 바로 몽유병이다. 다중인격에 관한 보고서를 읽어보면 몽유병의 특징이 잘 나타나 있다.

한 여자 환자는 아침에 잠자리에서 일어나면 잼이 발라진 빵이 자신의 침대 위에 놓여져 있는 것을 발견하곤 했다. 그녀는 아주 깔끔한 가정주부여서 침대에서 음식을 먹는 버릇이 없었는데도 말이다. 그녀의 말에 의하면, 남편도 한밤중에 잠자다 벌떡 일어나 청소하는 그녀의 모습을 자주 목격했다고 한다. 물론 그때도 잠에서 완전히 깬 상태가 아니었다.

그러던 어느날, 그녀를 가장 불안하게 만든 사건이 일어났다. 정신을 차려보니 주위는 낯선 곳이었고, 그녀는 자동차를 타고 있었다. 어떻게 해서 그곳에 가게 되었는지 그녀는 도무지 알 수 없다고 말했다.

이 환자의 경우 또다른 문제가 발견되었다. 그녀는 스스로 자의식을 관찰하는 능력과, 욕구와 규범을 조화시키기 위하여 자신을 조절하는 능력이 부족했기에 현실을 있는 그대로 보는 것이 매우 어려웠다.

또한 그녀는 자신의 건강에 대해서도 무관심했다. 고열을 동반한 심각한 폐렴상태가 되어서야 비로소 치료받으러 왔고, 결국은 기절해서 종합병원 응급실로 실려갔다. 이외에도 그녀는 자신의 마음에 흡족한 남자들을 일부러 회피했는데, 곧바로 그들의 품에 안기게 될까봐 두렵기 때문이라고 말했다.

이처럼 자제력이 부족한 그녀였지만 일상생활을 하는데는 아무 문제가 없었다. 직장에 잘 다니고 있었으며, 외국여행을 하는데도 어려움이 없었다.

현대에 들어 '인격의 분열'은 매력적인 테마로 예술작

품에 자주 등장하기도 한다.『파우스트』의 두 개의 영혼에 서부터 로버트 루이스 스티븐슨의『지킬박사와 하이드 씨』에 이르기까지 이 테마는 셀 수 없이 많다. 마음씨 좋은 의사 지킬박사는 자신의 실험실에서 음료수를 만들었다. 그런데 이 음료수를 마시자 의사는 사악한 난봉꾼이 되고 살인자로 변신하기도 한다.

은밀한 사랑 역시 제2의 자아에 대한 동경과 관련이 있다. 이 동경은 대중소설에 자주 반영되어 소설 속의 영웅적 주인공들이 제2의 정체성을 갖는 모습으로 나타난다.

독일의 소설가 칼 메이는 1인칭 화자가 되어 미국을 배경으로 할 때는 올드 쉐터핸드가 되고, 동양을 배경으로 할 때는 카라 벤 넴시가 된다. 또 슈퍼맨은 주로 수줍음 많은 기자 클라크 켄트이며, 녹색 피부를 가진 괴물 헐크일 때의 배후에는 지킬박사의 후예라고 할 수 있는 방사선에 오염된 핵물리학자가 있다.

이렇듯 이중인격은 자아가 분열된 상태에서 방탕한 축제를 벌일 수 있다. 예컨대 내연관계를 맺고 있는 여자 은행원에게 아파트를 사주고 이곳에서 함께 기거하는 은행장 역시 나중에 자신이 무슨 행동을 했는지 전혀 기억하지 못하는 하이드 씨*처럼 말할지도 모를 일이다.

'하룻밤 사랑은 외도가 아니다' 라는 말은 그렇게 되고자 하는 희망을 담은 표현이다. 그러니까 비밀리에 치러진 일은 현실에 존재조차 않을 가능성이 아주 크다. 자신이 한 일을 모른 척하려는 이 행동을 자세히 관찰해보면, 자신이 한 일은 무엇이든 책임져야 한다는 규범이 인간에게 큰 부담을 주고 있음이 분명하다.

다시 말해, 자신이 경험한 모든 일을 책임져야 하고, 아무리 모순된다 할지라도 정체성은 잃지 말아야 한다는 의식이 인간에게 커다란 억압으로 작용하는 것이다.

로마시대부터 전해오는 말 중에 이런 표현이 있다.

"내가 이것을 하려고 했지만, 어떤 악마적인 힘이 엄습하는 바람에 할 수가 없었어."

예나 지금이나 자신이 떠맡아야 하는 부담을 떨쳐버리고 싶은 인간의 욕구는 동일한가 보다.

---

★ 이 테마를 여성에게 적용시켜서 촬영한 영화가 있다. 프랑스 영화 <La belle du jour>인데, 유복한 중산층의 한 가정주부는 마조히스트적인 환상에 사로잡혀 창녀촌에서 일하기 시작한다.

# 제 7장

# 은밀한 사랑에게 주는 전문가의 충고

은밀한 사랑의 경우에는 환상에 빠지고 싶은 욕구와
배우자에게 질책받지 않으려는 욕구를 밝히는 것이 제일 중요하다.
이 문제에 개입한 사람들은 자신이 지닌 한계를 인식하고 이를 존중해야 한다.

〈우수〉, 드가 Edgar Degas, 1834〜1917

어떠한 경우에도 상대에게 진실해야 한다는 요구는 합목적성에 반하며, 사랑에도 어긋나는 것이 아니냐고 의문이 생길 수 있지요. 나는 단호하게 그렇지 않다고 말하기보다 주의하라고 충고하고 싶습니다.

진실이란 학문이 추구하는 절대적인 목표지만, 사랑은 진실과는 별도로 존재하는 삶의 목표입니다. 따라서 진실과 사랑이라는 두 개의 힘은 서로 대립할 경우가 있겠지요. 나는 사랑과 진실 중 어느 것도 하위에 속한다고 생각하지 않습니다.★

흔히 여자들은 부부 사이에 문제가 발생하면 이를 해결하기 위하여 부부문제상담소나 의사를 찾는다.★★ 이들은 전문가에게 들은 충고를 바탕으로 남편과 대화를 나누고,

★ 지그문트 프로이트가 1910년 1월 10일 산도아 페렌치 Sándor Ferenczi에게 쓴 편지, 『편지교환』, 뵈라우 출판사 1993, p. 195.

부부관계를 개선하는 기회로 삼으려 한다. 반면 남자들은 정신과의사를 주로 자신을 지배하는 경쟁자로 생각하기 때문에 이를 기피하려 한다.

질투하는 남편에게 시달리는 여자, 혹은 남편의 외도로 정신적 고통을 겪는 여자는 의사가 자신의 편에 서주기를 기대한다. 즉 배우자가 해코지하려 할 때 자신을 보호해주고, 올바른 부부관계가 어떤 것인지 말해주기를 기대하는 것이다.

---

★★ 부부문제의 상담과 치료는 명확하게 구분하기 어렵다. 차이점은 상담과 치료의 내용이 서로 다른 것에 있는 것이 아니라(다양한 학파들은 각 학파의 모델에 따라 상담과 치료를 실시하는데, 여기에는 정신분석학적인 모델, 습득이론적인 모델, 통합적이고 체계적인 모델 등이 있다), 이들의 활동이 합법적인가 아닌가에 달려 있다.

독일에서는(종교적인 단체와 연계하여) 심리학자와 의사가 부부문제를 다루고 있다. 이들의 활동을 치료라고 부른다.

이밖에 다른 교육을 받은 사람들도 부부문제를 상담하고 치료하긴 하지만, 법적으로 볼 때 이들은 조언을 주는 정도라고 보아야 한다. 하지만 이들 중에는 별도로 심리치료사와 같은 종류의 교육을 받은 사람들이 꽤 많다.

독일의 경우 독자적으로 심리상담의 일을 보는 것은, 의사나 심리치료사의 자격증을 획득해야 가능한 일이다. 조언만 하는 사람들은 법학자, 교사, 신학자, 사회교육학자, 간호사 등의 직업을 가진 사람들이다.

부부문제에 대해 조언하는 사람은 치료하는 사람과 마찬가지로 가족치료라는 과정을 마쳐야 한다. 이 교육과정은 현재 여러 사적인 단체 또는 공적인 단체에서 실시하고 있으며, 교육의 질 역시 매우 다양하다.

의사를 신뢰할 수 없는 남자들은 상담을 받아야 하는 상황을 견딜 수 없어 하고, 상담받으러 왔다가도 중도에 그만두는 경우가 허다하다. 이들은 동기부여가 잘 되지 않기 때문에 의사의 조언을 듣더라도 수긍하지 않고, 약간이나마 가졌던 관심조차 잃어버리기 십상이다.

부부관계가 위기를 맞이했을 때 보통은 한쪽만(주로 여자들이다) 도움을 청하러 오는 형편이지만, 이때 정신과의사나 심리치료사는 배우자도 함께 초대하여 그(그녀)의 심리상태를 고려해야 한다. 반드시 그렇게 해야 할 의무와 책임이 이들에게 있다.

자신을 찾아온 고객에게 배우자를 비난하면서 무작정 이혼만 권유하는 것은 순진한 태도를 넘어서 무책임한 행동이라고 볼 수 있다. 고객에게 이렇게 해라, 저렇게 해라 하면서 권유하는 전문가는 자신이 아주 위험한 일을 행하고 있다는 사실을 깨달아야 한다. 왜냐하면 이 권고가 행동으로 옮겨졌을 때 그 결과는 자신이 아니라 고객이 모두 떠맡아야 하기 때문이다.

은밀한 사랑 때문에 조언받고 싶은 고객은 의사에게 난해한 과제를 던져주는 수가 많다. 이때 조언하는 전문가는 자신이 도덕적인 상급기관이 아니라, 단순히 봉사하는 사람일 뿐이라는 사실을 분명하게 밝혀야 한다.

대부분의 남녀 고객은 위기가 왔을 때 어떻게 대처해야 할지 난감해 한다. 이들은 스스로 원하는 것과 현실 사이에서 조정능력이나 판단력이 흐려져 있기 때문에, 의사를 대단한 인물로 이상화시키고 심지어는 가장 존경하는 인물로 찬양하기까지 한다.

다른 한편, 정신과의사나 심리치료사는 비판의 대상이 될 수도 있다. 흔히는 언론에서 이들이 매력 있는 여성 고객을 농락한다는 식으로 매도할 여지가 있다는 점을 고려해야 한다.

성공적인 심리치료를 위해서는 충고로 인해 생길 수 있는 피해와 실질적인 도움 등을 심사숙고해서, 지나치게 과장하거나 극단적으로 부인하지 말아야 한다.

우리가 이 책에서 다루고 있는 주제와 관련한 이야기를 해보도록 하자.

은밀한 사랑에 대한 고백을 들었을 때, 부부관계를 위하여 배우자에게 솔직하게 털어놓는 길만이 해결책이 될 수 있다고 충고하는 전문가들이 있다.

이런 전문가도 있다. 남편과 함께 살지만 성관계를 거의 갖지 않는다고 상담해온 여성에게, 마치 그녀가 성욕을 충족시키지 못해 정신적 스트레스를 받는 것처럼 받아들여서 자신과 은밀한 사랑을 나누자고 제안하는 경우이다. 이런 식으로 고객의 고민을 해결하기보다 자신의 성적 욕구를 충족시키는데 눈먼 파렴치한 자들도 있다.

위의 두 경우는 모두 전문가다운 행동이 아니다. 고객을 성적으로 유혹하는 태도는 전문가답지 않으며, 고객보다 도덕적으로 훨씬 우월하다는 식의 행동은 더더욱 전문가답지 못하다.

심리상담이나 치료를 담당하는 전문가들이 고객을 상대로 성희롱한다는 사실이 대중의 입에 오르내리고 있다. 때문에 정신과치료를 받는 여성 환자의 희롱을 사전에 방지하는 법을 확대시키자는 의견도 나오고 있다.

그럼에도 불구하고 정부와 언론은 이러한 점을 인정하지 않거나, 인정하더라도 이를 엄중하게 다스릴 생각은 없는 듯하다.

만약 한 여자가 심리치료사로부터 성희롱을 당해 혼란상태에 빠지면 대중은 십중팔구 그녀의 편에 서게 된다. 또 도덕적으로 단순한 성적 학대만 받았을 때 그녀는 어떻게 행동해야 할지 난감해진다. 그녀는 아무 말도 못하고 우울증에 빠지거나, 심리적으로 비정상적인 상태를 경험할지도 모른다.

부부관계를 상담하기 위해 종교단체 산하에 있는 시설을 찾아갔다가 이들로부터 도덕적인 학대를 받았다고 치자. 이 시설은 철저하게 사실을 은폐하려 들 것이기 때문에 도덕적인 공격을 받은 희생자는 이에 맞서 어떠한 로비활동도 펼칠 가능성이 없어진다. 이 희생자가 할 수 있는 유일한 행동은, 상담과 치료가 무엇인지 잘 아는 전문가를 다시 찾아가는 일뿐이다.

사랑문제로 상담할 때 가장 위험한 경우는 극단적으로 어떤 한 가지 선택만 하라고 조언받는 경우이다.

그들은 자신이 마치 신학자인 양 떠들어댄다. 예를 들면 한때 낙태한 경험이 있는 부부에게 치유될 수 없다고 근거 없는 소리를 떠벌리는 행동을 한다. 혹은 외도할 경우 완벽하게 침묵을 지켜야 한다고 설파하거나, 외도란 삶에 활력을 주는 신비로운 영약과 같다고 말하는가 하면, 부부 사이를 갈라놓는 마귀라고 말하기도 한다. 또 외도했을 때 무조건 용서를 비는 것이 최선이라고 말하거나, 자신을 배반한 배우자라면 당장 이혼해야 한다고 주장한다.

이 모든 것들은 허무맹랑한 조언에 불과하다. 비록 가족 치료를 담당하는 도사 같은 사람이 그것을 진리로 세상에

잔뜩 퍼뜨려놓았다 할지라도 말이다. 이런 사람들이 거부조차 할 수 없을 만큼 정신적으로 나약한 상태에 있는 부부의 심중을 제멋대로 조종하는 것은 참으로 안타까운 일이 아닐 수 없다.

그럼에도 불구하고 이들이 큰 성공을 거두고 있는 현실을 보면, 이런 고통에 빠져 있는 부부는 스스로 문제를 해결하기가 역부족이므로 전문가를 통해 이상적인 해결책을 찾고자 하는 욕구가 강함을 알 수 있다.

치료의 목적은 어디까지나 이러한 부부의 압박감을 덜어주고, 부부가 자유롭고 합리적인 결정을 내리도록 도와주는데 있다. 이렇게 함으로써 과도한 스트레스로 인해 부부가 질병에 걸리는 것을 예방할 수 있고, 그들의 추가적인 과오를 줄일 수 있기 때문에, 이것은 전문가로서 아주 바람직한 태도라고 생각한다.

암시를 거는 방법—신경언어학적 프로그래밍(NLP)은 오늘날 최면·암시를 사용하는 전통을 가장 성공적으로 부활시켰다—은 가족치료를 할 때 적잖은 위험을 초래할 수도 있으므로 신중히 선택해야 한다.

전문가로서 상담에 임하는 사람이라면 인간관계에는 한계가 있고, 완전한 조화, 완전한 이해, 완전한 진실이란 환상에 불과하다는 사실을 받아들여야 한다. 그렇다고 완전한 상태를 쉬임없이 추구하는 자세를 멈추어도 좋다는 뜻이 아니다. 한번 깨지면 절대로 돌이킬 수 없음에도 불구하고 이를 성급하게 파괴함으로써 완벽을 얻겠다는 계획은 위험하기 짝이 없다.

이 원칙은 밀애를 갈망하는 바람둥이에게도 적용된다. 자신이 외도했을 때 배우자에게 어떤 상처를 안겨줄지는 생각도 않고 외도를 일삼는 사람들 말이다.

또한 배우자로부터 배반당했다고 믿는 사람에게도 이 원칙은 적용된다. 이들은 자신을 배반한 배우자와 이혼하는 것을 유일한 해결책으로 보고 당장 실행함으로써 자신도 상대에게 배신감을 안겨주고 싶어한다.

부부는 중립적인 위치의 제3자가 동석한 가운데 대화하는 자리를 가질 필요가 있다. 이때 부부는 서로 예상치 않았던 불만을 표출할 수도 있는데, 예상 밖의 불만은 모두 이해가능한 범주로 끌어들여야 한다.

만일 내가 결혼생활에 불만을 품고 있다면 나의 배우자 역시 그렇지 않을 거라고 누가 장담할 수 있겠는가? 그(그녀) 역시 불만을 품고 있으며, 밀애를 즐기고 싶어할지도 모르는 일이다. 설령 지금은 그렇지 않다고 하더라도 언젠가는 그렇게 될 가능성이 높다. 무엇보다 상대에 대한 신뢰를 잃으면 견디기 힘들다. 완전히 혼자가 될지도 모른다는 두려움이 앞서기 때문이다. 이런 두려움은 모든 인간의 무의식 속에 잠재해 있다.

배우자 곁에서 안정된 삶을 살았던 사람이 완전히 혼자가 될지도 모른다는 두려움을 느끼는 순간, 마음의 평정을 유지하기란 여간 힘든 일이 아니다. 이들은 곧잘 새벽에 벌떡 깨어나 공포에 떨곤 하는데, 이것은 바로 위험을 알리는 신호탄이다.

이 신호는 겉으로 드러나는 외형적인 위험만 경고하는 것이 아니다. 배우자는 오늘밤 결코 떠나지 않겠다는 약속을 굳게 했고, 나의 의식도 이 말을 믿고 싶어한다. 그런데 잠이 들었다가 늦은 밤이나 이른 새벽이면 방어구조가 약해지면서 무의식으로부터 분노와 파괴의 형상이 등장하고 이는 곧장 격렬한 공포심을 일깨운다.

사실 버려질까봐 두려워하는 마음은 지금까지 나를 외롭지 않게 지켜주었던 배우자가 나를 버리겠다며 위협한다고 해서 생기는 것이 아니다. 이 공포심은 우리의 의식과 무의식의 중간 영역이 무의식적인 파괴욕구와 잔인한 분노에 반응하면서 발생하는 것이다.

즉 사랑하는 사람으로부터 배반당했다고 믿는 순간, 오셀로처럼 상대를 죽이고 싶은 충동이 일어난다. 이는 모든 고통을 잊기 위해 사랑하는 사람을 죽이고 나도 죽음으로써 다시 하나가 되려는 욕구라고 할 수 있다. 이처럼 파괴적인 충동을 느끼게 되면 잠을 이루지 못한다.

우리는 지금까지 아주 극단적인 부부에 대해 다루었는데, 이들 대부분은 은밀한 사랑문제로 상담과 치료를 받았던 적이 있다. 그들이 비밀스럽게 실천했던 사랑은 결국 의도적이거나 무의식적인 실수로, 아니면 선의의 제3자에 의해서 또는 우연히 세상에 알려지게 되었다.

다른 경우도 있다. 외도하는 자들 스스로 더이상 이중생활을 견뎌낼 자신이 없고, 그렇다고 당장 관계를 끝내기도 힘들어 혼자 괴로워하다가 도움의 손길을 청하곤 한다. 가끔은 과거의 외도를 뒤늦게 자책하며 그 죄책감과 부담감 때문에 상담실을 찾는 사람도 있다.

치료를 하다보면 때로 모순에 부딪히기도 한다. 정신분석학이 기본으로 삼는 최고의 가치는 '진실'이다. 정신을 분석하는 이유는 환자가 진실 앞에서 더욱 강해지고 성숙해질 수 있도록 돕기 위해서이다. 진실을 찾아내면 그동안 심리적으로 억압당했던 증상들이 사라진다.

흔히 신경질환을 앓는 환자는 자신의 현실적인 욕구를 인정하지 않는다. 이런 욕구는 스스로 생각하는 이상적인 자아상과 거리가 너무 멀기 때문이다. 이들은 자신의 쾌락과 분노를 고백할 수 없기 때문에 충동을 포기하든지, 아니면 충족시키든지 둘 중 하나를 선택하게 된다. 이 과정을 거치면서 이들이 어떤 선택을 하든 자신은 그다지 고상한 사람이 아니라는 사실을 깨닫게 된다.

1995년에 연구역사 100년을 맞이한 '히스테리 연구' 중에서 한 예를 들어보기로 하자.

평소 형부를 따르고 좋아하던 한 여성이 있었다. 언니가 죽자 혼자된 형부와 자신이 결혼하는 상상을 남몰래 하곤 했다. 이로 인해 그녀는 도덕적인 굴레에서 벗어나지 못하고 심리적 억압을 당하고 있었다.

훗날 그녀는 억압의 원인과 진실을 밝혀내게 되자 정상적인 생활로 돌아갈 수 있었으나, 그동안 자신의 성적인 욕구와 방정한 품행을 어떻게 조화시켜 나가야 할지 깊은 혼란에 빠져 있었다.

이 여성의 경우는 모든 인간이 충동과 현실을 대비시킬 때 어떤 대가를 치르게 되는지 잘 보여준다.

은밀한 사랑이 공개되면 상당한 고통이 따른다. 통속적

인 방법을 선호하는 전문가라면 대개는 이 사실을 공개하라고 권한다. 진실이 항상 유익하기만 하다면 나 또한 나의 배우자에게 진실을 요구할 것이다. 이것은 배우자가 나에게 줄 수 있는 가장 큰 선물이기도 할 것이다. 그러면 그 밖의 타협이나 진실을 대신해줄 대용품 같은 것에는 별 가치를 두지 않을 것이다.

이 말은 맞기도 하지만 동시에 틀리기도 하다. 심리치료에서 '어떤 대가를 치르더라도 진실해야 한다'고 설명하는 것은 올바르지 않다.

정신분석학은 결코 그러한 입장을 취하지 않는다. 유익하거나 약이 되는 진실은 이와 관련된 전후사정을 모두 알아야 가능하다. 분별력도 필요하며, 새로운 사실을 접한 본인이 이를 소화할 수 있을지에 대해서도 충분히 신중할 필요가 있다. 이러한 점을 고려하지 않은 채 고객에게 무조건 진실만 요구하게 되면, 고객은 오히려 더 깊은 상처만 받을 수 있다.

프로이트는 이러한 경우를 '난폭한 분석'이라고 불렀다. 이 사례로 그는 한 젊은 의사의 예화를 들었다.

과부가 된 한 여성이 신경질환으로 고통을 겪다가 이 젊은 의사에게 상담하러 왔다. 의사는 그녀의 말을 들은 지

몇 분도 지나지 않아, 그녀의 증상은 성적인 욕구가 충족되지 않아서 생긴 것이니 앞으로 자위행위를 하든지, 애인을 만들라고 단도직입적으로 말했다.

이 사례를 보면, 유익한 진실이 갖추어야 할 조건이 무엇인지 알 수 있다. 진실은 부정적인 요소를 통해 주장해서는 안 되며, 주어진 상황을 충분히 파악하고 난 다음 바람직한 방향을 찾아야 한다.

이 젊은 과부의 입장을 살펴보자. 남편을 잃은 그녀는 슬픔에 빠져 있을 것이며, 젊은 나이에 혼자 되었으니 수치심도 느낄 것이다.

서로 신뢰하는 관계가 구축되지 않으면 환자는 어떤 조언도 받아들이지 않는다는 점을, 프로이트를 추종하는 그 젊은 의사가 알았더라면 좋았을 것이다.

두 사람이 서로 신뢰를 쌓을 겨를도 없이, 젊은 의사가 여자의 양심에 어긋나고 수치심을 불러일으키는 충고를 한다면 여자는 이를 어떻게 받아들이겠는가.

이처럼 '난폭한 분석'이 이루어진 경우는 분석을 했다기보다 오히려 분석적인 방법의 결과만 이용했다고 볼 수 있다. 프로이트 스스로도 이런 경우를 '권위적인 사례'라고 표현한 바 있다.

이 경우 여자 환자는 정신과의사가 자신을 이해했다고 생각하기보다는 제멋대로 다루었다고 생각할 것이다. 이렇게 되면 여자는 내적인 갈등을 해결하지 못한 채 젊은 의사의 자신만만한 충고를 가능한 한 빨리 실천에 옮김으로써 그가 정말 우수하다는 사실을 인정해주는 역할만 맡을 뿐이다.

진실의 일부만 말하게 되면, 때로 진실의 전부를 말하는 것으로 인식되어 여기에서 모순이 생길 수 있다. 이러한 경우에는 신속한 판단을 내리느니 차라리 판단을 미루는 편이 더 낫다.

은밀한 사랑의 경우에는 환상에 빠지고 싶은 욕구와 배우자에게 질책받지 않으려는 욕구를 밝히는 것이 제일 중요하다. 이 문제에 개입한 사람들은 자신이 지닌 한계를 인식하고 이를 존중해야 한다.

배우자에게 외도를 솔직하게 털어놓았으므로 그(그녀)가 자신을 이해하고 위로해줄 거라고 기대하는 것은 엄청난 착각이다. 하지만 비밀을 털어놓기 전 부부가 서로 인간적으로 친밀했었다면 이런 기대도 가능할 수 있겠다.

진실보다 더 까다로운 것은 거짓말이다. 깊이 생각하는 사람이라면 누구나 모든 것을 솔직하게 털어놓는 태도가 결과적으로 꼭 좋지만 않다는 사실을 잘 알 것이다.

진실은 분별을 통해서 절제해야 한다. 항상 모든 것을 솔직하게 털어놓아야 좋을 것 같아, 모든 것을 말해버리면 상대와 거리를 유지할 수 없고, 이는 동정심을 얻기보다 오히려 상대를 배려하지 못한 표식이 될 수 있다.

괴테의 『파우스트』에 보면 "독일에서 공손하게 행동하는 사람은 거짓말을 하는 사람이다"라고 약간 과장된 표현이 나온다. 하지만 공손한 태도에서 거짓말로 넘어가는 중간단계는 언제든지 유동적이므로 이 말이 완전히 틀린 것도 아니다.

상대를 배려하고 상대의 입장에서 생각할 수 있는 사람이라면 갈등이 생기는 즉시 대처할 수 있다. 현대사회에서는 사랑하는 관계를 흔히 위선의 가면을 벗어던진 관계, 예의바른 태도를 벗어던진 관계라고 말한다.

이 표현이 완전히 틀린 것은 아니지만, 보통 우리가 알고 행하는 태도, 즉 상대를 배려하고, 상대의 입장에서 생각하고, 그(그녀)를 이해해주는 자세를 무시해도 좋다는 뜻이라고 받아들여서는 곤란하다.

한편 상대가 무례하게 행동하도록 강요하는 태도 역시 올바르지 못하다. 이러한 관점에서 사랑하는 연인끼리 거짓말을 할 때는 두 사람 모두 관여한다고 볼 수 있다. 즉 거짓말을 하는 사람과 허위로 거짓말을 하게끔 강요하는 애인 모두 말이다.

거짓말은 하나의 무기이다. 무기란 위기가 닥쳤을 때 정당방위의 용도로 사용할 수 있고, 강도나 협박 같은 범죄를 저지를 때도 사용할 수 있다.

방어적 거짓말과 공격적 거짓말은 구분이 가능하다. 특정한 군사적인 행동이 방어적 차원이었느냐, 공격적 차원이었느냐를 두고 논란을 벌일 수 있는 것처럼, 이 두 거짓말에도 논쟁의 여지가 있다.

부모에게 매맞을 것이 두려워 학교성적을 속이는 아이는, 상받기 위해 성적을 부풀리는 아이와 다른 동기에서 행동한다. 이처럼 은밀한 사랑 역시 분별 있게 하려면 첫째, 의심 살 만한 행동을 하지 말아야 하고, 둘째, 상대에게 압력을 가하거나 형사처럼 굴지 말아야 한다.

이것만 지켜지면 사실 거짓말은 필요없다.

"서둘러야겠어. 10시까지는 집에 들어가야 해!"

"그래, 잘 가!"

그런데 이 대답 대신 이렇게 묻는다고 가정해보자.

"그렇게 일찍 집에 가서 뭐 하려고? 혹시 집에 다른 남자라도 숨겨둔 거야?"

이렇게 되면 더이상 진실을 말하기 어려워지고 두 사람은 티격태격 말다툼을 시작할지 모른다.

"정말 날 믿지 못하겠다는 거야? 서로 감시하자는 거야, 뭐야?"

이런 식의 논쟁은 한도 끝도 없고 시간만 낭비할 뿐이다. 순진한 사람이나 이상주의자만이 이런 논쟁도 의미 있다고 말할 것이다. 한편 상대의 행동을 감시하는 질문은 변명 ─ 가벼운 형태의 거짓말 ─ 을 유발하게 된다.

"너도 알잖아? 새 일거리를 받았는데, 집에 가서 이 일을 마무리해야지!"

"이번 주 휴일날 우리 팀이 함께 식사하기로 한 거, 너도 알잖아!"

거짓말이 공격적일수록, 거짓말은 더욱 따가운 감시의 대상이 된다. 또한 감시를 엄하게 할수록 더욱 철통 같은 거짓말을 해야 한다.

"가진 자는 더욱 갖게 되고, 갖지 않은 자는 빼앗기리라" 라는 이 성경구절은 정당하게 들리지는 않지만 자주 인용되는 문구이다. 왜냐하면 우리는 감정에 관한 한 거의 매일 이런 체험을 하기 때문이다.

상대를 사랑하고 신뢰하는 사람은 상대에게 더욱 큰 것을 되돌려받는데 그럼으로써 더 많은 사랑과 신뢰를 소유하게 된다. 반대로 불신에 가득 차 상대를 의심하고 감시하는 사람은, 그만큼 상대의 사랑과 신뢰를 잃어버리게 되는데, 그러면 의심과 감시의 마음도 점점 걷잡을 수 없이 커지게 된다.

파트너가 과연 진실을 말하고 있는지 이를 염탐하고 확인하는 사람은 참을성이 있으며, 상대를 신뢰하는 사람에 비해 정교한 거짓말과 교묘한 속임수 작전을 사용할 기회가 더 많다. 사실 의심하는 사람은 신뢰하는 사람보다 의심할 이유가 더 많을 테니까.

의심하는 사람에게 그(그녀)가 지금까지 의심했던 부분이 사실로 밝혀지게 되면—상대의 거짓말이 정교할수록—이들의 의심하는 버릇은 더욱 심해질 것이다.

반면 상대를 신뢰하던 사람이 속게 되면, 자신에게 상처 주지 않으려 상대가 일부러 비밀에 부쳐두었다고 간주하여, 이 역시 그(그녀)가 자신을 소중하게 생각하는 마음에서 베푼 배려라고 받아들인다.

물론 인간관계를 단순히 '의심'과 '신뢰'라는 두 가지 항목으로 분류해서 이로부터 어떤 결과가 나올지 확정짓는 일부터가 잘못된 것인지 모른다.

그렇지만 실제 현실에서 부딪히는 남녀관계의 경우 대부분은 이 두 요소가 섞여 있는 것을 볼 수 있다.

기본적으로 배우자를 믿어야 할 때와 의심해야 할 때를 잘 아는 사람은, 배우자 외에 다른 사람과 맺는 관계에서도 신뢰를 쌓을 수 있다.

나의 배우자를 믿어야 할지, 의심해야 할지에 대한 구분을 명확하게 분별하기란 힘들다. 이러한 질문에 대한 답은 근본적인 차이에서 오는 것이 아니라, 조건에 따라 달라지기 때문이다. 마치 감정과 판단 사이를 구분하기 힘들 듯이 말이다. '신뢰'의 감정이 없으면 사랑하는 관계는 유지되기 아주 어렵다. 그런데 이 감정이란 상황에 따라 결정되기도 한다.

가령 나는 아내와 함께 있으면 보호받는 느낌을 갖는다. 그리고 '아내가 여행을 떠난다고 해도 그녀를 믿을 수 있다'고 확신한다. 그녀는 다시 돌아올 것이며, 나는 다시 보호받는 느낌을 가질 수 있을 것이다. 나는 이런 감정적인 입장을 바꿀 이유도 없고 그럴 마음도 없다.

하지만 나는 여기에서 어떤 감정만 갖는 것이 아니라 판단까지 내릴 수 있다. 만일 나의 아내가 깊은 밤 호텔바에서 매력적인 남자를 만나게 되면 탈선하지 않으리라 100% 까지는 확신할 수 없다고 판단내릴 수 있다.

또 아내가 며칠 동안 이 관계를 계속한 후 다시 익숙하고 신뢰를 주는 집으로 돌아오리라고 판단할 수 있다. 아니면 출장 간 아내가 가끔씩 안부를 주고받던 어린시절의 남자친구를 만났다고 생각할 수도 있다.

이 모든 경우에 있어서 내가 내린 판단은 기본적으로 아내에 대해 지니고 있던 신뢰를 무너뜨리지 않을 수 있지만, 정반대로 위태롭게 만들 수도 있다. 그녀가 어떻게 행동할지, 그리고 이러한 상황에 내가 어떻게 대응해야 할지 선뜻 판단이 서지 않아 몹시 혼란스럽다면 이로 인해 더 큰 위험을 불러올 수도 있다.

만일 아내가 출장 갈 때마다 누구를 만났는지 꼬치꼬치 캐묻는다면, 혹은 전화를 걸어서 아내가 정확한 시간에 호텔에 도착했는지, 혼자 자고 있는지 일일이 확인한다면, 나라는 남편은 그야말로 스스로에게 불신의 씨앗이 되고 말 것이다.

이런 식으로 계속 서로 신뢰하는 것이 불가능하다고 생각한 나는 아내에게 '내가 당신의 유일한 남자여야 한다' 내지는 '나라는 인간은 당신에게 필요없는 존재일 뿐'이라는 동정어린 발언을 할 수도 있다.

이렇게 나는 아내에게 나의 방식을 강요한다. 하지만 아내가 나와 같은 요구를 해온다면 나는 '남자의 외도는 여자의 외도와 전혀 다르다'는 주장을 내세울지, 아내의 요구를 받아들일지 그것은 알 수 없다.

다만 아내로부터 두 가지 반응 중 하나를 얻게 될 것이다. 우선 아내의 복종(이것은 사랑보다 가치가 적다. 하지만 나의 아내가 다른 남자에게 접근해서 내 자존심이 상하는 것보다는 낫다)을 얻어낼 수 있다.

아니면 아내는 나의 말을 부정할 것이다. 이렇게 되면 철저하게 뒷조사를 하는 나만큼 그녀 역시 들키지 않으려 애쓰며 자신의 흔적을 더욱 조심스럽게 지워나갈 것이다. 결국 우리 두 사람은 상대에 대한 불신만 증폭시킬 것이며, 감시를 통해 신뢰를 구축하려던 시도는 끝내 실패로 돌아가고 말 것이다.

이렇듯 부부가 어느 정도까지 서로 신뢰하는지에 따라 배우자의 은밀한 사랑을 여유롭게 봐줄 수도 있고, 그 반대가 될 수도 있다.

이렇게 사는 것이 멋있어 보일까? 자신이 파놓은 질투라는 지옥에서 고통을 겪는 사람들은 오히려 그렇게 사는 것이 낙원이라고 생각할 수도 있다. 한쪽 또는 두쪽 모두 은밀한 사랑을 하고 있는 부부는, 서로 사랑하고 신뢰하는 부부에 비교하면 아직 나비가 되지 못한 모충에 불과하다. 이들은 서로 상반되는 욕구를 조정하고 어떤 욕구는 기꺼이 포기할 수도 있어야 한다.

어쨌든 어떤 경우라도 극단적으로 행동하는 것은 좋지 않다. 다시 말해 배우자를 위해 항상 희생할 필요는 없지만, 그렇다고 늘 자신의 욕구만 고집해서도 안 된다. 이 말은 상대에게 나의 모든 것을 주었으니, 그(그녀)에게도 그만큼 받을 수 있을 거라는 갈망이나 동경을 극복해야 한다는 뜻이기도 하다.

이러한 동경은 우리를 모순적인 상황에 빠뜨릴 뿐이다. 우리가 상대로부터 무언가 받을 수 있다고 상상한다면, 그것은 실제로 부모님만 해줄 수 있을 뿐이다. 이제 우리는 성인이 되었고, 부모에게 종속되었던 관계에서 벗어날 수 있을 만큼 자율권도 지니고 있다.

사랑한다면 상대의 모든 것을 포용해주어야 한다는 이상을 가진 사람들이 은밀한 사랑을 미숙하게 처리하는 바람에 배우자와의 관계를 파탄에 이르게 할 가능성이 높다. 이들은 심지어 배우자가 진정으로 자신을 사랑한다면, 외도하면서 생긴 자신의 불안감까지도 달래줄 수 있어야 한다고 믿으며 이를 요구한다. 이 유형의 사례로 마르고트와 카알 부부의 얘기를 해보자.

마르고트는 공포심과 불면증을 동반한 심각한 위기상태에 빠져 있었다. 얼마 전 그녀는 한 여자로부터 남편 카알을 그만 놓아주라는 한 통의 편지를 받았다.

편지의 내용은 황당하기 짝이 없었다. 카알은 이혼한 후 자신과 함께 살아야 할지, 아이들과 함께 살아야 할지를 고민하고 있으며, 카알이 직접 애인이 생겼다는 말을 당신에게 할 자신이 없기에 그녀더러 대신 이야기해줄 것을 부탁했다고 쓰여 있었다. 책임 있는 여자라면 아이들과 아버지를 떼어놓아서는 안 된다고 생각한다며 그녀의 의견까지 덧붙여져 있었다. 심지어 얼마 전 카알이 그녀에게 아이들 사진을 보여준 얘기를 하며, 정말 귀여운 아이들이지만 당신에게는 아무것도 빼앗아가지 않을 터이니 두려워 말라고 마무리되어 있었다.

나중에 이 사건을 알게 된 카알은 애인 마리아가 아내에게 편지 보낸 사실을 몰랐으며, 또 그런 편지를 보내달라고 부탁한 적조차 없다고 주장했다. 하지만 카알은 나와 상담하는 동안 다음의 두 가지 사실을 인정했다.

즉 애인인 마리아에게 아내는 모든 것을 이해하고 받아들여줄 거라고 말했다는 것이다. 그리고 마르고트에게 아무것도 빼앗지 말 것을 당부했다고도 했다.

"우리의 결혼생활은 아무 문제 없었습니다. 마르고트가 그 편지를 받기 전까지는 말이죠. 그런데 편지를 받고 나서부터 아내는 완전히 이성을 잃었어요. 저도 몰라볼 정도로 말입니다.

아내는 저를 집에서 내쫓더니 변호사사무실에서 자라고 하는 겁니다. 사무실에 손님을 위해 휴식할 수 있는 방을 하나 마련해 두었거든요. 하지만 그게 말이나 됩니까? 여비서들이 얼마나 눈치가 빠른데요.

게다가 저는 하루라도 아이들을 보지 않으면 살 수 없습니다. 그리고 말입니다, 아내는 아이들한테 아빠와 이혼해도 괜찮겠는지 물어보았다는 겁니다. 너무 끔찍하지 않습니까? 저는 거기까지 생각해보지 않았거든요.

이젠 마리아를 떠나는 것도 불가능해요. 그러면 제 꼴이 겁쟁이거나 엄처시하에 사는 줏대 없는 남자밖에 더 됩니까? 왜냐고요? 마누라가 피리를 불면 제가 폴짝폴짝 뛰는 꼴이 아닙니까?

요즈음 저는 자살에 대한 생각을 자주 합니다. 그러면

아내가 내게 어떤 짓을 했는지 분명히 알려지게 되겠지요. 하지만 저는 그렇게 할 수 없습니다……

우리의 결혼생활은 정말 행복했습니다. 물론 박사님은 믿지 않으시겠지만요. 저는 파티가 있을 때면 항상 다른 여자들이랑 놀아났지요. 하지만 아내 역시 마찬가지였어요. 그것으로 끝이었어요. 우리는 늘 정상적인 결혼생활로 돌아왔고, 둘만의 잠자리도 매우 좋았거든요. 사실 20년을 함께 산 부부가 이렇게 사이좋게 지내는 경우도 드물지 않나요?"

수십년 간 별다른 문제가 없었던 두 사람의 관계는 한 통의 편지로 인해 허물어졌다. 이 부부관계를 무너뜨린 것은 은밀한 사랑이 아니다. 주범은 이 사랑이 공개된데 있는 것이다.

사실을 알고 충격에 휩싸인 마르고트는 자신을 수습할 수 없었다. 그렇기 때문에 남편이 그녀의 가장 좋아했던 어머니다운 모습을 더이상 보여줄 수 없었다.

일상생활 속에서 우리가 맺고 있는 여러 인간관계 중 유익한 관계에는 늘 이상적인 요소와 현실적인 요소가 일정 비율로 안정되게 섞여 있다.

이러한 관계 속에는 어머니나 아버지처럼 배려하는 태

도, 아이처럼 만족을 추구하는 성향, 성적인 접촉 같은 다양한 요소가 혼재되어 있다. 그런데 카알과 마르고트 부부에게 이 혼합물은 마리아의 편지 한 통으로 인해 분해되어 버린 것이다. 마르고트는 마치 버려진 아이처럼 자신이 처량하게 느껴졌고, 이 모든 상황을 아주 엄격한 가정교사처럼 판단했다.

'카알은 어떻게 애들 사진까지 애인에게 보여주고, 그녀가 그런 편지를 쓰도록 권할 수 있을까! 어쩌면 그토록 무책임하고 아무것도 모르는 사람처럼 행동할 수 있는 거지? 어떻게 내 자존심을 이렇게 짓밟을 수 있단 말인가! 도대체 머릿속에 무슨 생각이 들어 있길래 이따위 어린애 같은 짓을 했는지 정말 이해할 수 없어!'

남편으로부터 어머니가 아니라 아내로 인정받고 싶었던 마르고트의 욕구를 카알이 알지 못했듯이, 마르고트 역시 남편이 받은 상처와 욕구를 이해할 생각조차 않고 그를 비난하며 집에서 쫓아내버렸다. 카알은 아주 어려운 재판도 끝까지 잘 해낸 유능한 변호사였지만, 정작 분노에 찬 아내 마르고트에게는 아무 저항도 못하고 집에서 쫓겨나고 말았다.

만일 마르고트와 카알이 다시 화해하고 함께 살게 된다

면, 이렇게 되기까지 부부문제 전문가가 이 문제에 어느 정도 기여했는지 정확히 평가하기란 쉽지 않다. 전문가는 우선 마르고트를 만나 그녀의 입장을 들은 다음, 남편 카알의 이야기를 들으려 할 것이다. 다음 단계로 부부를 함께 협상테이블로 초대할 것이다.

심리치료사는 우선 두 사람이 대화할 수 있는 공간을 제공하는 중립적 제3자로서, 이 공간에 그가 존재한다는 사실만으로도 일이 극단적으로 치닫는 사태를 막아준다.

마르고트와 카알의 경우에서 볼 수 있듯이, 상담전문가가 함께 자리하면 두 사람은 잘잘못을 따지고 상대를 비난하는 대신 대화를 나눌 기회를 얻게 된다. 서로 다툰 두 사람은 다시 상대의 말을 경청하고 함께 해결책을 찾고자 노력하게 된다. 이때 심리치료사는 일종의 보관소 역할을 한다고 볼 수 있는데, 남녀는 그동안 제각기 말할 수 없었던 감정을 이곳에 맡겨두는 셈이다.

전문가는 가끔씩 이 보관소에서 약간의 감정들을 꺼내 두 사람 앞에 던져줌으로써, 그들은 이 자리에서 서로의 감정을 접할 수 있다. 이런 식으로 대화를 진행하면 두 사람은 내 입장에서 생각해보라는 상대의 말을 듣고도 주눅들거나 부담감 갖지 않을 수 있다.

정신과의사나 심리치료사라고 해서 비틀어진 관계를 완전히 되돌려놓을 수는 없다. 이들은 다만 부부가 스스로 돕는 힘을 가질 수 있도록 적절한 조건을 만들어주는 역할을 할 뿐이다.

이런 상황에서 남녀는 그들이 지닌 욕구 중, 부부관계를 만족시켜주는 욕구와 그렇지 않은 욕구를 구분할 수 있어야 한다. 그리고 배우자의 좋은 점과 나쁜 점을 따로 분리시켜 생각해서는 안 된다.

마르고트는 며칠 전까지만 해도 끔찍히 사랑했던 남편 카알이 더이상 보기 싫다고 했다. 이유는 카알이 갑자기 다른 사람으로 변했기 때문이 아니라 지금까지 카알에 대하여 몰랐던 점을 한순간 알게 된 까닭이었다. 이점은 카알이 지니고 있던 성격의 한 단면임에도 불구하고, 마르고트는 오직 나쁜 면을 통하여 카알이라는 사람의 인격 전체를 의심하게 된 것이다.

치료받는 과정에서 카알은 자신의 어떤 태도가 마르고트에게 상처를 주었는지, 앞으로 어떻게 하면 그런 상처를 주지 않거나 덜 줄 수 있는지 배울 수 있었다.

이로써 그는 자율적으로 행동할 수 있는 힘 하나를 더 얻은 것이다. 카알은 마리아와 마르고트 사이에서 스스로 자신의 길을 찾아야 한다. 마리아가 편지를 통해 카알의 생각을 대신한 듯 마르고트에게 특정한 제안을 하게 된 데에는, 카알의 우유부단함이 가장 큰 이유라고 할 수 있다.

두 여자가 카알을 공유한다면? 이것은 불가능하다. 왜냐하면 아내인 마르고트가 당연히 이런 게임을 거부할 것이기 때문이다.

카알과 마르고트는 부부관계를 새로운 관점에서 다시금 보아야 한다. 두 사람이 상담하는 목적은 서로가 상대를 나쁜 사람이라 인식하고 있지만, 실제는 마르고트도 카알도 나쁜 사람이 아니라는 점을 분명하게 인식하기 위해서이다.

카알은 자기 식으로 마르고트에 대한 사랑과 마리아에 대한 사랑을 모두 합당한 것으로 받아들이려고 할 수 있다. 이 태도는 비현실적이긴 하지만 나쁘지 않다.

그러나 몹시 분노한 마르고트는 카알을 멀리하고, 그가 마리아와 함께한 모든 일을 기억에서 지워버리려고 애쓸 것이다. 그러면서도 그녀는 지금까지 훌륭하다고 여겨왔던 카알의 장점을 반추하고 싶어할 것이다. 이 또한 나쁘지 않지만 비현실적이다.

카알은 마르고트가 몹시 화난 상태로 자신에게 철저히

벌주려 한다고 상상한다. 마르고트는 남편이 자신을 배반했으며, 무책임하고, 일이 어떻게 되든 아무 상관도 않을 것이라고 상상한다.

이런 상상은 두 사람의 태도를 결정짓는다. 실제로 상대방이 어떤 상태인지 정확히 알지 못한 채 두 사람은 서로 극단적인 태도를 취하게 된다는 뜻이다. 따라서 두 사람이 함께 살 수 있는 기회를 놓치고 싶지 않다면, 스스로 상상하는 것들이 실제로 얼마나 맞는지 상대방을 통해 확인해 보아야 한다.

끊임없이 상대를 부정적으로 생각하면 — 마르고트는 카알이 자신을 배반했으며 일이 어떻게 돌아가든 신경 쓰지 않을 사람으로만 생각하고, 카알은 마르고트가 자신을 미워하고 벌주려 한다고만 생각하면 — 두 사람은 끝내 헤어질 수밖에 없을 것이다.

이때 전문가는 두 사람의 이혼을 막을 수는 없지만, 이 과정을 좀더 수월하게 풀어나가도록 도와줄 수 있다. 전문가는 두 사람이 상대에 대하여 추측하는 면과 실제의 배우자 모습을 분명히 구별하도록 도와주고, 상대를 부정적으로만 생각한 결과로 입을 수 있는 피해를 최소한으로 줄이도록 노력해야 한다.

감정의 앙금을 씻지 않은 채 헤어지면, 배우자를 천사라고 생각하여 모든 것을 바친 그(그녀)가 끝내는 악마의 이름으로 변해버릴 수 있다. 그토록 사랑한 자식이지만 아내와 이혼한 후에 나 몰라라 하는 무정한 아버지들, 이혼한 아내에게 생활비를 지급하느니 차라리 보수가 좋은 직장을 포기하고 말겠다는 아버지들을 만나면, 배우자를 증오한 채로 헤어지는 것이 얼마나 위험한 감정인지 뼈저리게 느끼게 된다.

여자도 마찬가지이다. 이혼하기 전에는 다정하고 상냥하기 그지없던 아내였지만, 증오심을 품으면 한때 사랑한 남편의 머리카락까지 마치 거위털 뽑듯이 뜯어놓는다. 이렇듯 증오심은 연애시절의 감정 못지 않게 강렬하다. 다만 어리석고 단호하다는 점이 다를 뿐.

마르고트와 카알의 예화에서 아주 흥미로운 역할을 맡은 인물은 카알의 애인 마리아이다. 그녀는 마르고트에게 불쑥 편지를 보냈고, 이로써 부부 사이를 갈라놓은 주범이 되었다. 그녀 역시 기대보다 크게 확대된 결과에 매우 놀랐을 것이다.

성인이 되어 질투하는 광경을 처음으로 지켜보게 되면, 질투라는 이 열정도 평소 과도하게 짓눌려온 감정이라는 인상을 받게 된다. 질투는 어린시절에 겪는 아주 고통스러운 정서이기 때문에, 사춘기와 청년이 되면 보통은 이에 대한 기억을 지워버리려고 애쓴다.

아마 마리아는 본인 스스로 의식하지 못했지만, 평소 마르고트와 카알에 대하여 공격적인 감정을 품고 있었던 듯하다. 이 부부는 그녀가 갖지 못한 것을 공유하고 있기 때문이다. 예컨대 아이는 부부만이 공유할 수 있는 아주 오래된 역사인 것이다.

흔히 여자들은 상대방의 입장이 되어 생각해보는데 탁월한 재능이 있다. 마리아 역시 카알의 결혼생활에 별다른 문제가 없다는 점을 육감적으로 알고 있었을 테지만, 그녀는 이를 무시해버렸다. 다만 카알의 변명만 듣고 부부 사이에 심각한 위기가 왔다고 믿어버린 것이다.

바람을 피우는 대부분의 남자들이 그렇듯, 카알 역시 아내와 애정이 식어버려 잠자리를 하지 않은 지 오래되었고, 아이들 때문에 어쩔 수 없이 살고 있다면서 사실을 부풀려서 얘기했던 것이다. 마리아는 의식적이든 무의식적이든 카알의 말을 진실로 받아들였다.

한편 마리아의 입장에서는 카알과 몰래 사귀고 있는 사실이 떳떳하지 않았기에 몹시 부담스러웠다. 그러면서도 그녀는 기껏해야 저녁을 함께 먹거나 오후에 잠깐 사랑을 나누느니, 차라리 며칠 만이라도 좋으니 그와 둘만의 온전한 시간을 갖길 원하였다.

그래서 카알에게 마르고트의 문제를 결정짓는 것이 어떻겠느냐고 제안하게 되었고, 그는 이미 마리아 앞에서 아내에게 애정이 남아 있지 않다고 말했던 터라, 이를 거절하기 힘들었다. 만약 이 지점에서 카알이 싫다고 반응하면 지금까지 마리아의 마음을 사기 위해 공들인 모든 정성이 물거품이 되고 만다.

여전히 여자들이 무엇을 원하고 어떻게 느끼는지 아무것도 모르는 그는, 자신보다는 오히려 같은 여자인 마리아가 마르고트를 더 잘 이해시킬 수 있을 거라고 믿었다. 마땅히 카알이 맡아야 할 의무를 마리아에게 맡겨버림으로써 마르고트는 깊은 상처를 받고 말았다.

치료하는 과정에서 마르고트는 카알이 그렇게 처리할 수밖에 없었던 데에는 자신의 잘못이 크다는 점을 인정하게 되었다. 지금까지 카알에게 문제가 생길 때마다 자신이 나서서 직접 해결해주곤 했던 것이다.

그동안 마르고트가 카알과의 관계에 바친 열정과 노력을 보면, 그녀로서는 그렇게라도 하지 않으면 남편에게 매력 없는 여자로 낙인 찍힐지 모른다는 불안감에서 이런 행동이 나온 것임을 알 수 있다.

결국 카알은 다른 많은 남자들처럼 여자로 인해 버릇이 나빠졌으며, 스스로 자신의 문제를 해결하는 이전의 능력을 되찾으려면 한동안 노력을 기울여야 할 것이다.

모든 삼각관계에는 동성애적인 측면이 포함되어 있기도 하다. 소위 말하는 '동성적 삼각관계'에서, 자신의 가장 친한 친구와 아내를 동침시킨 한 남자가 있었다. 그는 이런 우회적인 방법을 통하여 친구에 대한 자신의 성적 욕구를 충족시킨 것이다.

마리아의 경우도 마르고트와 친하게 지내고 싶어했음을 알 수 있다. 결국 그녀는 마르고트와 아이들의 삶에 관여함으로써 동성애적인 욕구를 충족시키고자 한 것이다. 마리아의 주된 목적은 사랑을 획득하는 것이 아니라 같은 여자를 배반했다는 부담감에서 벗어나고자 한 것이었음이 분명해진다.

여자로서의 마리아는 카알보다 마르고트와 더 가까운 사이이다. 하지만 마리아는 카알과 내연관계에 있으며, 경쟁자인 마르고트에게서 그를 몰래 빼앗고 싶어한다. 그래서 마르고트에게 카알의 여자는 자신이지, 결코 마르고트가 아니라는 점을 확실하게 보여주고 싶었다.

사실 남편에게 속은 부인과 남편의 애인이 서로 연락하게 되는 경우, 대부분 아주 애매한 감정이 개입된다. 상대에게 아무것도 빼앗지 않겠노라고 통보하는 사람은 사실 정반대의 의도를 숨기고 있는데, 이때 진심을 적극적으로 부정하는 이유가 무엇일까.

만약 마리아가 마르고트에게 진심으로 아무것도 빼앗지 않겠다고 마음먹었다면, 그렇게 행동하면 안 될 것이다. 하지만 마르고트에게 아무것도 빼앗고 싶지 않다는 그녀의 분명한 표현에는, 내면 깊은 곳에 정반대의 짓을 하고 싶다는 충동이 숨어 있는 것이다.

마리아는 지금 자신이 무의식적으로 카알을 빼앗으려고 하는 것은 아닌지, 이런 욕망을 혼자 다스릴 수 없는 것은 아닌지 두려워하고 있다. 때문에 그녀는 마르고트를 심판관으로 불러내고 싶다. 즉 엄격하게 심판 보는 마르고트를 친구로 삼고 싶은 소망이 숨어 있는 것이다. 편지를 보낸 결과로 보면 바로 그렇다.

카알은 한동안 마리아를 만나지 않았다. 마르고트가 우울증에 시달리자 두렵기도 했고, 시간이 빨리 흘러 다시 정상적인 부부관계로 돌아가고 싶었기 때문이다.

훗날 그는 마리아를 다시 만날지도 모른다. 그렇게 되더라도 그는 예전보다 더 조심스럽게 행동할 것이며, 마리아에게 해서 될 말과 해서는 안 될 말을 잘 구별할 것이다.

마리아 역시 좀더 현명해질 것이다. 그녀가 미혼자이기 때문에 줄 수 있는 것을 기혼자는 주지 못한다는 점을 깨닫게 될 것이다.

이런 식으로 세 사람이 위기를 넘길 수도 있다. 얼음 위를 걷는 사람이 잠깐 부주의하면 금방 얼음은 깨지듯, 카알과 마르고트 그리고 마리아는 그들의 길을 조심조심 가야 할 것이다. 얼음이 갈라져서 온통 물에 젖었지만, 익사하지 않았다는 사실에 안도의 한숨을 내쉬면서 말이다.

# 제 8장

# 삶에는 다양한 자극이 필요하다

욕구가 생길 때마다 이를 억누르는 사람은
우울증에 빠질 가능성이 있고,
배우자 때문에 외도 한번 제대로 할 수 없다고 생각하게 되면
결국 그(그녀)가 방해물로 여겨져 부부간에 끊임없이 갈등할 수도 있다.

〈입맞춤〉, 클림트 Gustav Klimt, 1862~1918

배우자 몰래 은밀한 사랑을 하는 사람이든, 이로 인해 배우자와 갈등을 겪고 있는 사람이든, 이들은 이미 깨진 유리조각 위에 서 있는 것처럼 아슬아슬한 환경에 놓여 있다.

영원히 변치 않으리라던 환상이 깨지고, 부부의 조화로운 삶도 깨진다. 이로써 행복마저 사라진다. 하지만 반드시 꼭 그런 것만은 아니라고 말하는 사람도 있다.

사실 은밀한 사랑은 배와 선원들의 생명을 앗아갈지 모르는 폭풍우와 같다. 날씨가 좋아 순풍을 만나면 배는 쉽게 닻을 올린다. 그러나 지독한 허리케인을 만난 사람이라면 맑고 바람이 잠잠한 날씨를 그리워하게 된다. 평소 지겹기만 했던 잔잔한 시간이었는데 말이다.

바다를 항해할 때, 큰 배가 폭풍우를 잘 견딜 수 있다는 사실은 누구나 알고 있다. 하지만 인간관계에 있어서는 확신할 수 없다. 이유는 간단하다.

미풍이 부는 바다와 폭풍이 몰아치는 바다는 객관적인 시각으로 판단이 가능하지만, 은밀한 사랑은 도덕적으로 비난당하기 때문이다. 그러므로 우리는 비밀을 누설하는 배반행위를 단순한 문제로 다루는 것을 거부하고, 그것을 하나의 실패로 간주하기도 한다.

평소 사이좋게 지내던 부부라면 외도 몇 번쯤 하더라도 부부는 이를 충분히 극복할 수 있다고 주장하는 사람들에게 혹자는 반론을 제기할 수 있다. 그러므로 은밀한 사랑을 충만하고 행복한 부부관계를 지속하기 위한 기준으로 평가하는 것도 의미 있지만, 여러 사람이 짊어지게 될 고통스런 부담을 기준으로 하여 이 사랑을 평가할 수도 있는 것이다.

은밀한 사랑과 관련하여 고려해야 할 점이 있다. 욕구가 생길 때마다 이를 억누르는 사람은 우울증에 빠질 가능성이 있고, 배우자 때문에 외도 한번 제대로 할 수 없다고 생각하게 되면 결국 그(그녀)가 방해물로 여겨져서 부부간에 끊임없이 갈등할 수도 있다.

불처럼 뜨겁게 사랑하는 와중에 성급하게 헤어지는 은

밀한 사랑도 있다. 드물지만 이런 유형도 배와 비교한다면 이해하는데 도움이 될 것이다.

항해에 있어 폭풍우는 일반적인 현상이다. 경험 있는 선장이라면 보통 속도의 폭풍쯤은 충분히 극복할 수 있을 것이다. 하지만 배가 파손당했다거나, 허리케인을 만나 폭풍이 강해졌다면, 위험한 일이 닥칠지도 모른다. 며칠 동안 긴장상태에 있던 선원들이 지쳐갈수록 피해의 복구는 점점 힘든 상황이 될 수 있다.

이렇듯 위험한 폭풍지대에서 계속 항해하다보면 당연히 파손된 배를 수리할 시간이 없고, 선원들이 휴식할 수 있는 시간조차 사라진다. 이런 배는 언젠가 가라앉고 말 것이다. 어떤 배라도 폭풍의 피해를 입을 수 있지만 이렇게 극단적으로 위험한 경우는 매우 드물다.

은밀한 사랑이 보여주는 다양한 변주를 구체적으로 표현한다면 '두 명의 선장이 연출하는 다양한 항해술'이라고 말할 수 있다.

은밀한 사랑 가운데 가장 단순한 형태는 '하룻밤의 사랑'이다. 남녀가 알게 된 후 비교적 짧은 시간 또는 약간 긴 시간 동안 서로를 파악하고 정사를 나눈 다음 곧바로 헤어진다. 그렇게 하지 않으면 나중에 생길 수 있는 여러

가지 문제가 두렵기 때문이다.

'하룻밤의 사랑'은 농도 짙은 장난연애로 끝날 수 있고, 아니면 두 사람이 본격적으로 사귀기 시작하는 첫단계가 될 수도 있다. 처음 만난 남녀는 서로 접근했다가 도망치는 과정을 반복한다. 처음에는 그것이 연애인지 잘 모르다가, 나중에 뒤돌아보면, 실은 그때부터 사귀기 시작했다는 사실을 알게 된다.

"하룻밤 사랑은 외도가 아니다"라는 속언을 되새기다보면 자연스럽게 이런 의문이 떠오른다. 도대체 몇 번을 만나야 외도라고 할 수 있을까.

은밀한 사랑을 누리다가 배우자에게 발각되었을 때 자신의 과오를 정당화시키는 가장 좋은 방법은 "하룻밤 사랑은 외도가 아니다"라고 주장하는 것이다. 하룻밤의 탈선은 결국 가정이 더 좋다는 사실을 깨닫기 위한 시험일 뿐이라고 말이다.

이 주장이 먹힌다면, 부부는 가정이란 아늑하고 편안한 곳이라는 환상으로 돌아갈 수 있다. 즉 두 사람은 하늘이 맺어준 가장 좋은 짝이며, 매우 사랑스럽고, 아주 금실좋은 부부라는 행복을 되새길 것이다.

또 배우자의 비밀스러운 탈선이 결코 반복되지 않으리

라고 믿는 그(그녀)는 자신의 질투심을 억제("정말 당신이 원하는 게 이런 짓거리였어?")할 일도 이제는 생기지 않을 것이며, 배우자로부터 더 사랑받고 싶지만("미안한 말이지만, 한번만 더 그 인간한테 가면, 우리 사이는 끝이야, 끝!") 이를 자제하는 행동을 할 필요가 없게 되었다.

실제로 많은 부부는 하룻밤의 탈선으로도 삐걱거린다. 배우자가 다른 사람과 성관계를 가질 수 있다는 가능성만 상상해도 참을 수 없기 때문이다.

이런 성향을 더욱 부추기는 사회적 관습(처녀성을 숭상하는 동양의 가부장제와 같은)도 있다. 이 전통이 아직도 힘을 발휘하는 사회에서는 여자가 단 하룻밤만 탈선하더라도 매력적인 신부에서 창녀로 전락하고 만다.

현대교육은 이러한 관습에 끊임없이 문제제기를 하고 다양한 경로로 항의하고 있음에도 불구하고 강한 종교적 환경 ─ 특히 이슬람교 ─ 에서 자란 남자들을 보면 결코 이 문제를 과소평가할 수 없다고 깨닫게 된다.

나는 독일에서 대학을 졸업하고 독일 여자와 결혼한 한 그리스 남자를 기억하고 있다. 그는 차분한 성격을 지닌 엔지니어였지만 그의 아내는 남편 앞에서 결혼 전에 알았던 남자들의 이름을 절대로 언급할 수 없었다. 만약 그렇게 되면 남자는 미친 듯이 질투했던 것이다. 그러니 아내가 은밀한 사랑을 한다면 이를 용서할 리 있겠는가.

이 그리스 남자처럼 병적인 혐오를 지닌 사람은 은밀한 사랑을 무조건 반대하는 입장에 있다. 이 남자의 아내가 마치 동양의 전제군주처럼 행동하는 남편을 속인다면, 그녀는 어떤 위험을 당하게 될지 모를 일이며 경우에 따라서는 부부관계가 파탄에 이를 수도 있다.

사실 남편이라면 자신의 질투심 때문에 아내를 희생시키는 것이 정당한지, 아니면 좀더 깊이 생각해보아야 할지를 고민하고 판단해야 하는 위치에 있는 사람이다. 그런데 이 그리스 남자가 과연 아내의 외도라는 도전적인 자극을 극복해낼 수 있을지 자신할 수 없는 일이다.

어떤 은밀한 사랑에 개입한 모든 사람은 시간이 지나면 좀더 현명해질 수는 있겠지만 더 행복해지지는 않을 것이다. 때문에 은밀한 사랑의 종류를 형식적으로 구분하는 일은 무의미하다. 무엇보다 중요한 것은, 은밀한 사랑을 하게 된 동기가 무엇이며 배우자는 그 동기를 어떻게 해석하고 있는가이다.

만약 부부가 동시에 배우자 이외의 사람과 성적 모험을 가끔씩 즐긴다면, 두 사람은 은밀한 사랑에 동일한 평가를 내릴 가능성이 높아진다. 하지만 한쪽의 배우자만 외도를 긍정적으로 평가한다면 상호이해란 정말 어렵게 된다. 대화를 통해 합의점을 끌어낼 수밖에 없는데, 이 과정에서 두 사람은 서로 상이한 생각과 의견만 교환하게 된다.

"나는 단지 재미만 보았을 뿐이야!"

"아니! 당신은 내게 상처를 주었어!"

"당신에게 상처줄 생각은 추호도 없었어. 정말이야! 재미를 보았을 뿐 다른 건 없어."

많은 부부가 딜레마에 빠지는 이유는 너무나 분명하다.

섹스란 너무 강한 매력을 지니고 있기 때문에, 특별히 불쾌하거나 난처한 경험을 하지 않는 한, 사람들은 이를 쾌락의 원천으로 여긴다.

바로 이 부분에서 남녀는 서로 대립된 입장을 취할 수 있는 여지가 생긴다. 즉 오랫동안 부부생활을 한 경우 부부가 동일한 성욕을 가지고 있는 커플은 거의 없기 때문에, 외도의 의미에 대하여 두 사람은 의견일치를 보기 더욱 힘들어진다. 성욕이 강한 배우자가 『데카메론』의 필리파처럼 배우자를 통하여 해결할 수 없는 성욕은 어떻게 할 것이냐고 따지고 든다면 합의를 이끌어내기 어려울 수밖에 없다.

은밀한 사랑 중 가장 비밀스러운 모습은 예외적인 상황에서 드러난다. 이런 형태의 사랑은 성적인 욕구를 충족하기보다 환상의 날개를 펼치는 것만으로 만족해 한다.

예컨대 광기를 띤 병적인 사랑이 있다. 남몰래 한 여자를 갈망하지만 남자는 이 사실을 절대로 인정하지 않으려 한다. 연모의 대상이 되는 여자가 그런 정황을 객관적인 사실로 확인시켜주어도, 남자는 이 여자가 제정신이 아니라는 식으로 반응할 뿐이다.

이보다 더 흔한 경우는, 자신의 감정을 상대방에게 알리지 않고, 사랑받는 상대도 누군가 자신을 연모하고 있다는 사실을 눈치채지 못하는 사랑이다.

이렇듯 혼자서 은밀히 하는 짝사랑은 사춘기 시절 누구나 가질 수 있는 감정으로 그 사람의 삶을 변화시키기도 한다. 짝사랑의 대상은 연예인이나 스승이 될 수 있고, 평소 가족과 가깝게 지내던 사람일 수도 있다.

# 제 9장

# 애틋한 이별과 증오에 찬 이별

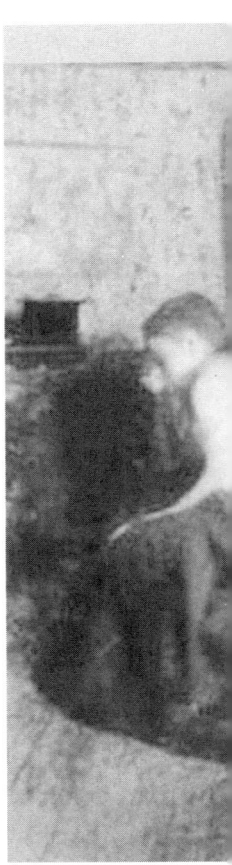

은밀한 사랑은 배우자와 일정 부분에서 이별하는 것이기도 하다.
다시 말해 이것은 심리적 독립심을 키워 부부관계를 확고하게
다져줄 수도 있고, 오히려 위험에 빠뜨릴 수도 있다.
은밀한 사랑이란 살아 있는 조직체에 상처를 입히는 행위와 비슷하다.
상처로 인해 피가 나겠지만, 그 자리에 부드러운 새살이 돋을 수 있고,
아니면 상처가 심해져 마침내 밧줄이 끊어질 수도 있다.

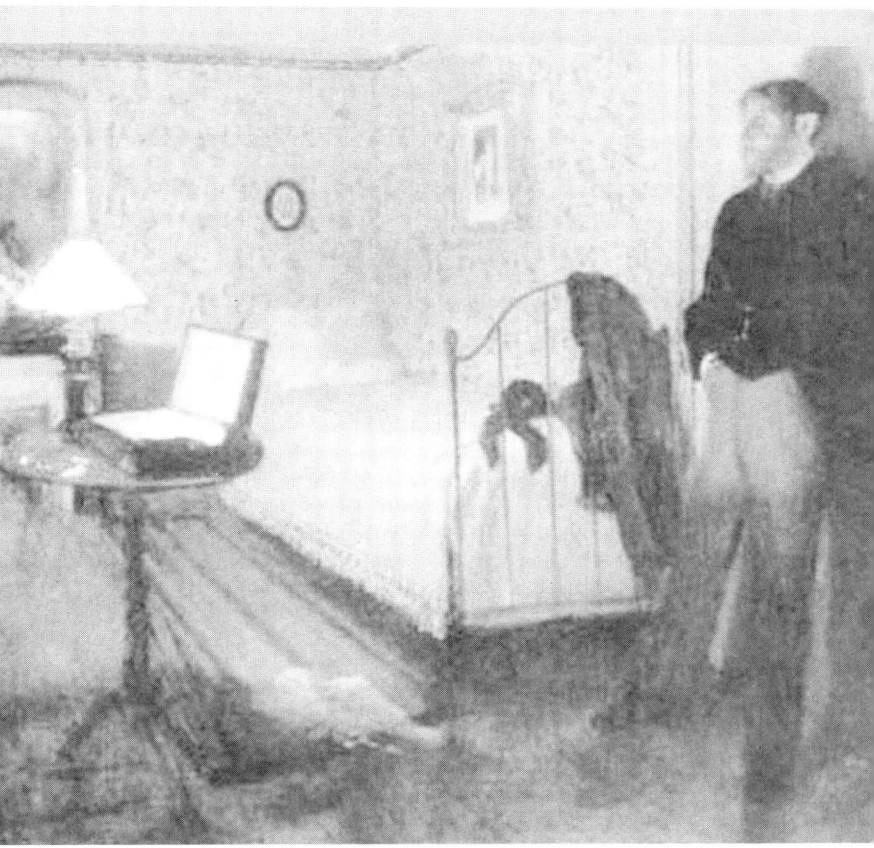

〈실내〉, 드가 Edgar Degas, 1834~1917

마치 연애는 무슨 욕망이든지 충족시켜 줄 것처럼 약속을 한다. 사랑에 빠진 남녀는 이미 오래 전부터 서로 잘 알고 있는 듯한 인상을 받는다. 괴테는 이를 표현하기 위하여 '영혼의 기억'이라는 아름다운 은유를 발견해냈다.

"아, 당신은 전생에 나의 누이나 아내였겠지!"★

사랑하는 남녀가 결혼하여 일상생활을 함께 보내다보면 서로 채워지지 않는 욕구를 하나둘 발견하게 된다. 하지만 부부는 자신의 속마음을 솔직하게 털어놓았을 때 두 사람 사이의 평화가 깨어질지 모른다는 두려움 때문에, 웬만하면 서로 아무 말도 하지 않는다.

★ 괴테가 샤롯테 폰 슈타인 부인에게 보낸 편지, 「왜 당신은 나에게 그윽한 눈길을 보냈는가……」에서, 1776. 4. 14.

이런 상황이 오래 지속되면 은밀한 사랑이 시작되기 전 단계의 조건이 만들어질 수 있는데, 그것은 바로 배우자를 배제한 채 자신의 욕구를 충족시키는 환상 속으로 빠져드는 것이다.

막달레나와 그녀의 남편 페터는 매일 저녁 침대에 누워 어둠 속에서 눈에 보이지 않는 싸움을 계속했다. 페터는 아내가 그냥 자주기를 원했고, 막달레나는 남편의 그런 태도 때문에 몹시 괴로웠다. 그녀는 매일밤 보초를 서는 듯한 기분이었다. 하지만 언젠가부터 막달레나는 자신에게 열중하는 남자와 나누는 흥분을 상상하곤 했다.

그녀가 결혼 전에 사귀었던 남자는 매우 열정적이었으나 신뢰할 수 없었고 약간의 사디즘적인 성향도 있었다. 그래서 그녀는 부드럽고, 믿을 수 있으며, 의무감도 강한 지금의 남편을 선택했던 것이다. 이런 성향의 남편에게 자신의 불만을 얘기하면 그가 상처받을까봐 그녀는 아무런 내색도 하지 못했다.

"남편은 아주 좋은 남자죠. 딸 베레나를 대하는 걸 보면 이처럼 좋은 아빠가 또 있을까 하는 생각이 절로 듭니다. 그러니 제가 어떻게 그를 버릴 수 있겠어요."

부부 사이에 상대가 모르는 환상을 품는 것은, 은밀한

사랑의 움이 틀 조짐이다. 여기에서 싹이 돋으려면 이해받고 싶은 고독한 동경, 일상으로부터의 탈출, 젊은날의 열정을 되찾고 싶은 갈망이 추가되어야 한다.

다행히 안타까운 심정을 나눌 수 있는 밀애 대상을 만나면, 더없이 좋겠지만 동시에 더 위험할 수도 있다. 왜냐하면 자신을 희생자라고 생각했던 막달레나가 희생자 아닌 배신자가 될 수 있기 때문이다.

그녀가 단순히 상상하는 것만으로 그쳤을 때 페터와의 관계에 아무런 문제가 없었고 페터도 거부감을 표시하지 않았다. 하지만 그녀가 부부 사이의 애정이 점점 식어가고 있음을 남편에게 상기시키고 현재 상태가 불만족스러운 건 아니지만, 그래도 좀더 흥분되는 순간들이 있었으면 좋겠다고 말하자 페터는 심한 부담감을 느끼는 듯 이렇게 생각했다.

'아내가 더이상 나의 성기능에 만족하지 못하는 것일까?

사실 나 역시 마음에 드는 여자가 많았지만, 내가 있어야 할 자리를 알기에 허튼 짓을 하지 않았단 말이야!'

최근 들어 막달레나는 조용해졌다. 이에 만족한 페터는 이제 이렇게 생각하게 되었다.

'이제 아내는 나에게 익숙해졌고 변화를 원하지 않아.

그렇지 않다면 진작에 불만을 얘기했을 텐데, 아무 말 없는 것을 보면 불만이 없다는 뜻이겠지.'

막달레나 역시 남편이 자신의 침묵을 그렇게 해석하고 있으며, 자신이 가끔씩 불만을 호소할 때보다 남편이 더욱 편안해 한다는 사실을 잘 알고 있었다. 또한 남편에게 부부 사이에 변화를 주는 것, 자신이 애인을 사귀는 방법 중 한 가지를 선택하라고 말한다면, 그가 정말 힘들어 하리라는 것도 잘 알고 있었다.

하지만 그녀가 애인 리히하르트를 알고 난 다음부터는 남편에게 그런 제안을 할 필요가 없어졌다. 그녀는 이런 고민에 빠졌다.

'남편이 고통스러울 정도로 노력해도 안 되는 잠자리가 리히하르트와는 너무나 쉽게 이루어지는 것을 어떻게 한단 말인가! 죄책감에서 해방될 수 있다면 만사가 편할 텐데! 다른 남자와 사귀면서 남편과 성관계를 가져도 괜찮은 건가? 그렇다면 내가 창녀와 뭐가 다르지?'

은밀한 사랑이 실패로 끝나는 본질적인 이유를 찾다보면, 남녀가 공통적으로 안고 있는 문제가 보인다. 또는 남자만이 안고 있는 문제나 여자만이 안고 있는 문제에서 원인을 발견할 수도 있다.

남녀가 공통으로 갖고 있는 첫번째 문제는 공생하고자 하는 동경이다. 즉 외도를 시작하면 인간의 새로운 종류의 성욕에 충격받을 수 있다. 이때 외도하는 그(그녀)의 자아가 약해지면서 배우자에게 끝없이 자신을 보호해주는 부모상을 원하게 된다. 이 바람이 너무 강하면 은밀한 사랑은 끝나버릴 수 있다.

두번째 문제는 배우자를 잃게 되지나 않을까, 혹은 파탄에 이르러 이혼지경에 처하면 아이들이 상처받지 않을까 하는 두려움이다. 이 두려움 역시 은밀한 사랑을 실패로 마감짓게 하는 요인이다.

마지막으로, 배우자가 자신의 은밀한 사랑을 알게 되었을 때 그(그녀)는 배우자에게 못할 짓을 했다는 죄책감을 갖게 된다. 이 죄책감을 견딜 수 없으면 은밀한 사랑 역시 끝나고 만다.

남자 혹은 여자이기 때문에 은밀한 사랑이 파탄에 이르는 원인 중 하나는, 이미 앞에서 언급한 바 있는 가부장제의 전통이다.

상담을 하면서 알게 된 다른 원인도 있다. 즉 남자들은 여자의 입장에서 생각하는데 어려움이 있다는 것, 그리고 여자들은 삼각관계를 견뎌내지 못하고 자신을 마치 매춘부처럼 여기는 경향이 있음을 알게 되었다.

　흔히 남자들은 자신이 예민하지 못하여 아내에게 상처 준다는 점을 인정하기 싫은 탓에, 여자들이란 지나치게 '육감'이 발달했다고 믿는다. 남자의 짐작대로 여자에게 모든 것을 예민하게 감지하는 능력이 있다면, 남자는 굳이 숨기려는 노력을 할 필요가 없겠다. 그래보았자 금세 들통 나지 않겠는가.

　막달레나는 남편 몰래 육체적인 사랑을 나눌 수 있는 다른 남자를 꿈꾸다가 리히하르트를 사귀게 되었고, 그때부터 남편과 성관계하는 일이 원만치 않았다.

　어쩌다 성관계를 갖는다고 해도 그것은 쾌락이 아니라 부부이기 때문에 의무적으로 하는 행위에 불과했다. 남편과의 잠자리를 아내로서 의무감으로 치르던 그녀는 내적으로 심한 갈등을 겪고 있었다. 이는 다른 남자와 성관계로 인한 남편에 대한 죄책감과, 솟구치는 성욕을 포기할 수 없는 욕망 사이에서 겪는 갈등이기도 하다.

　그러나 대부분의 사람들은 모험적인 사랑을 하다가 어려움이 나타나면, 갈등이나 내적인 장벽을 쉽게 잊어버리는 편이다. 하기야 모든 것이 허락된다면 아무런 재미도 없지 않겠는가!

그들은 갈등이나 내적인 장벽이 심각하지 않기를 기대하면서, 어떤 형식이든 전문가의 상담과 치료를 통하여 자신의 마음이 안정되기를 고대한다.

하지만 이런 기대는 쉽게 충족되지 않는다. 사실 내적인 장벽이란 아주 심각한 장애물이다. 심리치료를 하더라도 은밀한 사랑에서 얻었던 강렬한 느낌을 배우자에게 다시 느끼는 경우는 극히 드물다고 볼 수 있다.

이런 까닭에 만약 은밀히 연애하던 남자가 애인에서 남편으로 변화되었을 때, 여전히 그를 미친 듯이 좋아할 수 있다고 생각하면 그것은 순진한 착각에 불과하다. 현재 지겹기 짝이 없는 배우자도 한때는 자신이 죽도록 사랑했던 사람이었을 테니, 새로 사귄 애인 역시 언젠가는 지루한 사람이 되지 않겠는가.

은밀한 사랑을 아주 심하게 반대하는 편에서는 흔히 이렇게 생각한다. 밀애하는 사람은 버릇처럼 지속적으로 배우자를 배반할 가능성이 높으므로 절대로 연애를 허락해서 안 된다고. 또 질투에 빠진 남편이나 아내는 자신의 배우자와 성관계했던 상대방의 배우자가 또다시 바람 피우게 되리라고 예상한다.

이런 식으로 은밀한 사랑을 공격하는 사람들은 육체와

정신이 하나되는 사랑, 자아를 망각하고 황홀경에 빠질 수 있는 사랑을 완전히 무시하고 있다.

A와 잠자는 것이 B의 침대에 드는 것보다 훨씬 좋다고 주장하는 사람이라면 쾌락에 대해서 언급할 자격이 없다. 이렇게 늘 비교하고 계산하는 사람은 진정으로 황홀한 사랑을 이해하지 못한다.

목록을 작성해서 비교하는 이들은 근본적으로 경쟁과 능력이라는 기준을 통하여 자신의 성적인 범주를 측정한다. 이들은 자신의 성생활에 점수를 매기고, 다른 사람 역시 자신에 대해 점수를 매길 거라고 상상한다.

사랑을 자신이 이룬 업적이나 성적처럼 생각하는 사람은, 질투심을 품은 사람과 마찬가지로 은밀한 사랑을 다루는데 있어서 미숙하기 짝이 없다.

은밀한 사랑은 본질적으로 배우자의 질투를 불러일으킬 수 있는 동기가 되는데, 이 질투 역시 은밀한 사랑을 야기시킬 수 있는 계기가 된다.

결국, 배우자의 질투를 피하기 위하여 은밀한 사랑을 감추는 것이고, 부부라는 지루한 관계를 오랫동안 유지하기 위하여 은밀한 사랑을 하는 것이라고 보면 된다.

한 부부교사를 상담한 적이 있다. 언제부터인가 아내로

서, 엄마로서 봉사만 하는 역할에 지친 아내는 평소 가족과 친하게 지내던 한 남자와 사귀기 시작했다. 물론 남편에게는 비밀에 부쳤다.

그러던 어느날, 남편은 아내에게 자신이 했던 모험적인 연애를 털어놓았고, 아내도 자신 몰래 연애하고 있었다는 사실을 알게 되었다.

그때부터 마음씨 좋고 모든 사람에게 인기 있던 남편은 스스로도 놀랄 정도로 심적인 변화를 겪게 되었다. 그는 아내가 자신보다 먼저 외도한 사실 때문에 주체할 수 없는 질투심으로 자살의 충동을 느꼈고, 아내에 대한 분노로 머리는 폭발할 것 같았다.

그는 몇 년 동안 은밀히 사랑해온 아내의 행동을 용서할 수 없었다. 심지어 아내가 자신보다 더 타락했다고까지 생각하게 되었다. 왜냐하면 자신은 솔직하게 고백하고 용서를 빌었지만 아내는 끝까지 자신을 속일 심산이었기 때문이다. 그는 아내에게 다른 남자를 사귀게 된 경위를 비롯하여 세부적인 일 하나하나까지 모두 털어놓으라고 종용하기 일쑤였다.

다음해 남편은 아내 몰래 다른 여자와 연애했다. 그후에도 아내가 한때 다른 남자와 사귀었다는 기억은 수년 동안 뇌리에서 사라지지 않고 그를 괴롭혔다. 결국 그는 복수를 통하여 마음을 진정시켰는데, 복수의 강도는 갈수록 심해졌다. 마치 아내의 탈선을 빌미로 죄책감을 떨쳐버리기라도 한듯 방탕하게 행동했다.

실제로 많은 부부와 상담해보면, 이 여교사처럼 은밀한 사랑을 배우자에게 털어놓은 것을 후회하는 사람이 많다. 이들은 자신이 외도에 부여하는 가치와 배우자가 받는 상처 사이에 큰 간극이 있다는 사실을 느끼고 힘들어 한다. 그리고 그 사건을 아무리 정정한다고 해도 두 사람의 관계가 은밀한 사랑을 고백하기 전으로 돌아갈 수 없다는 사실도 깨닫는다. 고백하지 않고 죄책감으로 괴로웠던 시절이 차라리 낫다고 말한다.

나도 배우자에게 은밀한 사랑을 고백하기 전과 후의 상황을 여러 모로 따져보았다. 결과, 차라리 침묵하는 편이 훨씬 나을지 모른다는 결론에 도달했다. 그리고 부부관계가 위기에 처했을 때 성급하게 결정내리기보다 전문가의 심리상담이나 조언을 받아보라고 권유하고 싶다.

하지만 솔직한 것이 최고라고 설득하는 전문가의 말만 듣고 상대에게 은밀한 사랑을 고백하게 되면, 이때는 성공할 확률보다 실패할 확률이 높아진다. 마치 은밀한 사랑

그 자체만 문제이고, 이를 분별 있고 세련되게 다루는 방법은 전혀 중요하지 않은 듯 조언받으면 말이다.

물질적인 자산이든 정신적인 자산이든 우리는 손익이라는 관점에서 가치를 판단할 수 있다.

함께 살고 있지만 애정이라곤 눈곱만큼도 없고 매일같이 싸움하는 부부에 비한다면, 은밀하게 욕구를 충족시키며 배우자와 별 문제없이 지내는 방법은 차라리 심각한 해가 되지 않을 것이다. 물론 배우자가 아닌 다른 사람을 통하여 욕구를 만족시키는 바람에 신혼의 좋은 관계로 돌아가리라고 보장할 수는 없지만.

부부관계를 안정적으로 유지하려면 두 사람은 항상 어느 정도 노력해야 한다. 이때 은밀한 사랑이 부부의 욕구불만을 일정수준 완화시켜주면 부부관계에 도움이 될 수 있다. 하지만 은밀한 사랑은 새로운 위험을 발생시킬 소지 또한 갖고 있다.

은밀한 사랑을 경험한 사람들은 모두 죄책감을 견디는 일이 결코 쉽지 않았다고 말한다. 이들은 스스로 죄책감을 부정하거나 억압한다. 이렇게 해도 견딜 수 없다면, 그 감정은 행동으로 나타나게 된다.

이들은 어떤 행동을 하도록 무의식적으로 충동받는데,

이런 행동을 통하여 스스로 비밀을 폭로하게 된다. 죄책감으로 고통스러운 이들은, 양심의 가책을 받느니 차라리 고백하여 배우자에게 신랄한 질책을 받는 편이 더 낫겠다고 생각하기 때문이다.

고백을 들은 배우자는 격렬한 갈등에 휩싸이게 된다. 이때 대부분의 사람들은 평소 배우자의 행실이 나쁘고 천박했다면 쉽게 그(그녀)와 헤어지고, 애정을 가지고 친절히 보살펴준 배우자라면 여간해서 헤어지지 않는다.

아이들이 소풍갈 때면 아내는 언제나 도시락과 스웨터를 꼼꼼히 챙겨 가방에 넣어주었다. 또 장시간 외출하게 되면 아이들을 위해 요리를 잔뜩 하여 냉장고에 넣어두었고, 책상 위에 쪽지를 남기는 자상한 어머니였다.

그러나 아내로부터 외도 사실을 고백받은 남편은 이때부터 아내의 이런 행동이 지극히 타산적이고, 이기적이며, 심지어 매춘하는 여자로까지 생각할 수 있다.

부부가 배우자의 유아기적 욕구를 다루는 법을 배웠다면 이들은 그(그녀)의 은밀한 사랑을 잘 극복할 수 있다. 이 지식은 우리의 이성을 과대평가해서는 안 된다는 한 단계 높은 이성에 해당된다.

이성이라고 하면 현대인은 대개 합리적 이성만 염두에

두지만, 절대 감성을 소홀히 여기지 않는 다른 차원의 이성도 있다. 합목적, 통제, 충동의 억제, 자연의 지배라는 성향으로 가득한 기술주의 시대의 이성은, 인정사정 없이 권력을 휘두르기 위해 이성의 이름을 남용하고 있다.

유아기적 어리석음을 존중하는 태도야말로 최고 수준의 이성적 행동이다. 반면 기만과 거짓말을 경멸하는 사람은 환상과 유희를 인정하지 않을 뿐 아니라, 폭력을 가하고자 권력(이성)을 휘두르는 결과까지 낳는다. 실은 권력으로 이루고자 욕망했던 것마저 잃을 위험이 있지만.

은밀한 사랑은 삶에 유희적 요소를 가져다주고, 지나치게 가정에 구속된 나머지 균형감을 잃었을 때 새롭게 균형감을 제공해줄 수도 있다(누가 품행이 더 방정한지 시합을 벌였던 부부교사는 나중에서야 이점을 깨닫게 되었다).

이러한 유희적 요소를 좀더 즐기고 발전시킬 줄 아는 사람이라면 은밀한 사랑에서 얻은 경험을 부부생활에 잘 접합시킬 수 있을 것이다.

은밀한 사랑은 배우자와 일정 부분에서 이별하는 것이기도 하다. 다시 말해 이것은 심리적 독립심을 키워 부부관계를 확고하게 다져줄 수도 있고, 오히려 위험에 빠뜨릴 수도 있다. 만일 우리가 부부관계를 살아 있는 조직체―

두번째 탯줄이라고 하자—로 만들어진 밧줄이라고 생각하면, 은밀한 사랑이란 살아 있는 조직체에 상처를 입히는 행위와 비슷하다. 상처로 인해 피가 나겠지만, 그 자리에 부드러운 새살이 돋을 수가 있고, 아니면 상처가 심해져 마침내 밧줄이 끊어질 수도 있다.

모든 이별과 마찬가지로 은밀한 사랑이라는 불완전한 이별의 경우에도, 우리는 헤어진 사람을 아름답게 기억할 수가 있고 그(그녀)에게 해를 입힐 수도 있다.

나쁜 감정 없이 헤어지는 부부는 배우자를 괴롭히거나, 그(그녀)의 자유의 일부분을 빼앗으려는 충동이 적다. 그러나 증오와 욕설로 헤어지는 부부는, 상대가 자신을 미워하지 않도록 하기 위해서라도 배우자를 붙잡고 싶은 충동을 강하게 느낀다.

배우자가 마치 교도소의 간수처럼 행동한다고 생각해보자. 간수는 죄수가 자유롭게 돌아다니는 것을 용납할 수 없기 때문에 절대로 감방문을 열어주지 않을 것이다.

다른 유형의 배우자도 있다. 예컨대 스스로 수영할 수 없는 어미오리가 실컷 수영하고 반드시 돌아오리라는 확신만 선다면 새끼오리를 물가로 내보내듯, 은밀한 사랑에 빠진 배우자에게 이런 배려까지 해주는 그(그녀)도 있을 법한 얘기이다.

은밀한 사랑은 사랑하는 애인이 지니고 있는 환상을 존중해준다. 그러므로 은밀한 사랑을 하는 두 사람은 환상과 자유를 희생한 채 의무감으로 살아가는 부부보다 훨씬 다정하고 배려하는 사이가 될 수 있다. 물론 언제나 그렇다는 말이 아니라 은밀한 사랑이 긍정적으로 발전했을 경우에 말이다.

사랑문제에 보다 학문적으로 접근한다면, 은밀한 사랑이 일상에서 일어날 확률은 어느 정도이며, 발각되거나, 배우자에게 인정받는 경우는 얼마만큼인지 통계적으로 알 수 있을 것이다.

하지만 나는 이런 방법을 통해 얻을 것이 별로 없다고 생각한다. 보통 평범한 부부라면 평생 두 번 내지 세 번 정도 은밀한 사랑을 한다거나, 솔직하게 털어놓는 경우는 30% 정도이며, 일생 비밀을 유지하는 경우가 80%에 이른다는 수치 따위는 나에게 큰 도움이 되지 않는다. 은밀한 사랑은 철저히 개인적이고 은유적이기 때문이다.

햄릿이 이미 그렇게 한 것처럼, 우리 또한 맺고 있는 관계를 악기와 비교해보자.

우리는 한 악기에 모든 정열을 쏟아부어 여기에서 성공

하거나 실패할 수 있다. 반대로 여러 악기를 시험해볼 수도 있는데, 역시 성공할 가능성도 있고 실패할 가능성도 있다.

한 가지 악기에 집중하면 에너지를 한곳에만 집중할 수 있으므로 성공할 확률이 더 높다. 하지만 영원히 성공하지 못할 수도 있다. 왜냐하면 그 악기가 자신에게 적합하지 않았을 때 그(그녀)의 내부에 숨은 재능을 밝혀줄 또다른 악기를 발견할 가능성을 차단해버리기 때문이다.

처음 다루었던 악기에 흥미를 잃고 다른 악기에 새로운 열정을 쏟아붓게 되면, 그때부터 첫번째 악기를 대하는 우리의 마음이 완전히 달라질 수 있다. 더이상 연주하지 않을 수 있고, 조금이나마 남아 있는 애틋함에 조심스럽게 보관해두었다가 기회가 되면 다시 꺼내어 연주할 수도 있다. 우리는 주로 한 악기만 다루겠지만 이따금 다른 악기도 연주할 수 있을 것이다.

우리 자신을 악기라고 상상해보자. 악기를 연주하고 잘 보관해둔 연주자가 악기를 더 조심스럽게 관리할 수 있다. 물론 연주자는 우리만 연주하지 않을 터이고, 다른 악기와 연주자로서의 애정도 나누어야 할 것이다.

만일 우리가 연주자의 유일한 악기이자 가장 중요한 악

기가 되고 싶다면, 우선 연주자의 방에 다른 악기가 없어야 할 것이다. 하지만 다른 악기가 눈에 띄지 않는다고 해서 안심할 수 없다. 연주자가 뒷방에 고장난 악기를 잔뜩 쌓아두고 있을지도 모를 일이다.

모든 비유에는 절름발이 같은 면이 있기 때문에, 앞에서 제시한 은유 역시 목발의 도움 없이는 잘 나아가지 못한다. 하지만 악기의 은유는 은밀한 사랑뿐 아니라 배우자를 대하는 태도에도 상당히 다양한 길이 있는 점을 이해하게 도와주었을 것이다.

배우자가 은밀한 사랑을 하고 있다는 사실을 접했을 때, 우리는 그(그녀)가 나를 사랑하는 마음에서 속였다고 생각할 수가 있고, 그렇지 않을 수도 있다. 사실 대부분의 많은 사람들은 사랑 없는 냉정한 진실을 배우자에게 듣느니, 차라리 배우자가 사랑하는 마음에서 진실을 숨기는 편이 더 낫다고 생각한다. 물론 사랑하는 마음에서 진실을 말한다면 가장 좋겠지만.

손익을 따져보니 결국 나는 다음과 같은 순서로 정리하게 되었다.

가장 편안하고 좋은 것은 애정어린 진실이다. 즉 자신의 은밀한 사랑을 성의 있고 진실하게 배우자에게 고백하는 것이다. 두번째는 애정어린 기만으로, 배우자를 배려하여 어쩔 수 없이 숨기는 것이다. 세번째는 애정 없는 진실이고, 마지막은 애정 없는 기만이다.

　다른 식으로 말해보자.

　제일 좋은 배우자란 나만을 사랑하고 나를 통해서만 만족을 얻는 배우자이다. 두번째로 좋은 배우자는 나를 사랑하지만, 나로부터 얻을 수 없는 것은 다른 곳에서 충족시키기 때문에 만족하는 배우자이다. 세번째는, 나를 사랑하지만 나에게 만족하지 않는 배우자이다. 마지막으로 가장 낮은 점수를 줄 수밖에 없는 배우자는 나를 사랑하지 않고 나에게 불만도 많지만, 그 불만을 다른 곳에서도 해소하지 못하는 구제불능의 배우자이다.

| 제 10장 |

# 비밀은 어떻게 폭로되는가

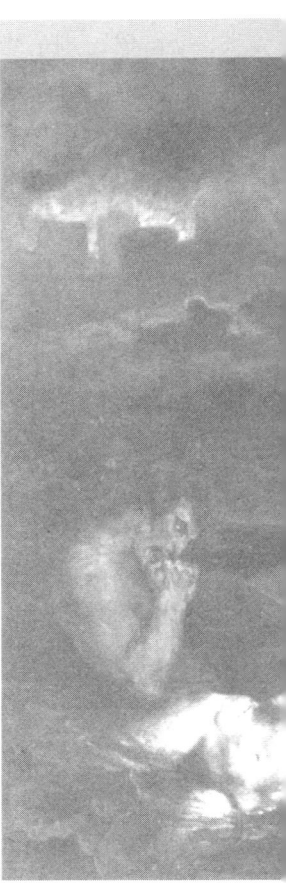

비밀이 누설되면, 갑자기 배반당한 사람은
둘만의 사랑을 폭로한 애인을 미워하기 시작하고,
배우자에게는 자신의 은밀한 사랑이 별것 아닌 것으로 비하시킨다.
자신이 책임져야 할 부분이 있음에도 그는 애써 부인하고,
이 연애를 하찮은 스캔들로 축소하고 왜곡시킨다.

〈지옥의 단테와 베르길리우스〉, 들라크루아 Ferdinand Victor Eugéne Delacroix, 1798~1863

비밀을 폭로한 배반자는 꽁꽁 얼어붙은 분뇨에 빠진 상태로 지옥에서도 가장 깊숙한 곳에 갇혀 있다. 이탈리아의 작가 단테는 배신자와 악마가 벌을 받는 모습을 이렇게 그려놓고 있다.

사악한 악마를 대표하는 전형적인 인물이 배신자이다. 그런데 이 악마도 원래는 착한 천사였었다. 나중에 신을 배반한 죄 때문에 악마로 전락하고 만 것이다.

오늘날에는 영국의 왕실이 천사의 역할을 담당하고 있는 하인들로부터 계속 배신당하고 있다. 왕실뿐 아니라 일반 시민들 사이에서도 타인의 사생활을 여러 방법으로 밀고하는 자가 나날이 증가하고 있다. 왜일까?

심리분석을 통하면 이들은 다섯 가지 유형으로 분류될 수 있다.*

1. 확신에 찬 배반자

2. 이득을 고려한 배반자

3. 인정받고 싶은 배반자

4. 분열적인 배반자

5. 죄책감에 쌓인 배반자


확신에 찬 배반자의 전형은 소규모 조직의 반장이나 연금으로 사는 사람, 또는 회사원 등이다. 이런 사람들은 대부분 타인에게 사랑받으려면 의무에 충실해야 한다고 믿으며, 또 실제로 그렇게 살고 있다.

하지만 기대와 달리 타인으로부터 별로 인정받지 못하는 이들은 삶에서 별다른 재미를 느끼지 못한다. 때문에 이들은 다른 사람이 즐겁고 신나게 사는 모습을 보면 이를 방해하고 싶어한다.

이런 유형의 사람들은 아무리 사소한 규정이라도 철저히 지키려는 성격이어서, 누군가 규칙을 잘 지키지 않는 모습을 보면 은근한 분노를 느낀다.

---

★ 1995년 2월 3일자 『Die Woche』 신문에 실린 나의 글을 여기에서 인용하겠다.

이들은 희생자가 자신보다 약하거나, 자신에게 공격해 온다 할지라도 그다지 두렵지 않은 대상일 경우, 비밀을 만천하에 공개해버리되 익명으로 한다. 물론 자신의 행동이 정당하다고 생각한다. 하지만 이들은 폭로의 대가를 챙길 만큼 영리하거나 재간 있지는 못하다. 이 유형의 사람은 시민의 의무로서 당연한 행동을 했을 뿐이라고 말하지만, 실은 은밀한 사랑을 즐기는 사람들의 역동적인 삶을 시기하여 이런 행동을 한 것이라고 볼 수 있다.

자신에게 돌아올 이득을 염두에 두고 남의 비밀을 누설하는 자들은 이해타산이 빠른 유형이라고 할 수 있다. 이들은 돈을 위해서라면 어떠한 위험도 감수할 수 있고, 어떤 비밀이든 가차없이 폭로해버린다. 폭로를 하거나 밀고를 하면 적잖이 보상해주는 사회적 분위기가 조성된다면, 이런 유형의 배반자는 더욱 늘어날 것이다.

집사들의 경우를 예로 들어보자. 밀고한 대가로 받는 보상금에 비하면 그들이 받는 월급은 푼돈에 불과하다. 이런 이유로 종종 왕실의 비밀이 누설되곤 한다.

이 배반자 유형이 은밀한 사랑을 폭로하는 방식은 극히 이례적이다. 만약 자신의 배우자나 연인의 행동이 의심스럽다고 생각되면, 이들은 사설탐정에게 남편이나 아내의 뒷조사를 부탁할 것이다.

하지만 자신의 사랑, 즉 배우자나 연인을 믿는 사람이라면 굳이 사설탐정 같은 인물을 동원하지 않을 것이다. 또 누군가 사진을 찍고, 녹음을 하고, 비디오로 찍은 증거를 내밀더라도 이들은 대가를 지불하지 않을 것이다.

타인에게 인정받고 싶은 배반자는 현대사회가 만들어낸 가장 흔한 유형이라고 할 수 있다. 대중매체는 하루가 멀다 하고 우리의 관심을 받는 스타들을 대문짝만하게 보여주고 있다. 사실 그들이 그렇게 대단한 일을 한 것도 아닌데 말이다. 이러한 스타들에 비교하여 아주 평범한 우리는 세인의 관심을 거의 끌지 못한다. 때문에 스타나 유명인사가 지닌 약점을 발견하고 이를 누설하는 것은 평범한 소시민에게 일종의 승리감을 맛보게 해준다.

따라서 이 유형의 배신자는 자신은 물론 자신의 폭로를 은근히 즐기는 모든 사람들에게 나르시스적인 광채를 한 아름 선물하는 셈이다.

'내가 미국의 대통령이 되지는 못했지만, 도덕적인 면에서는 그보다 훨씬 낫지!'

이런 식으로 값싼 승리를 얻고자 하는 욕구가 의외로 강하기 때문에, 쉽게 말해서 언론의 도마에 오르내리는 자들은 빙산의 꼭대기에 앉아 있는 것처럼 위태하다.

타인에게 인정받고 싶은 욕구에서 터뜨린 폭로를 두고 사람들은 이러쿵저러쿵 떠들어댄다. 외설스러운 이야기를 주고받으면서 그들은 이 사건의 희생자보다 자신이 훨씬 우월하다고 느끼며 모처럼 우쭐댈 수 있다.

사랑하는 남녀가 스스로 비밀을 누설하는 경우도 있는데, 이때도 타인으로부터 인정받고 싶은 욕구와 관련이 깊다. 이들은 자신이 정복한 사람을 밝힘으로써 누릴 수 있는 승리감을 포기하지 못하는 것이다. 물론 자아도취적 승리감 뒤에는 훨씬 더 큰 고통이 숨어 있지만 말이다.

고전적인 예를 들기 위하여 그리스의 역사학자 헤로도투스의 기록을 보자. 칸타울레스 왕은 아내의 미모를 자랑하고 싶어서 친구 기게스에게 왕비의 벗은 모습을 보여주었다. 그러나 왕비는 이 일이 너무도 수치스러워 기게스에게 왕을 죽여달라 요구했고, 결국 칸타울레스 왕은 이렇게 죽음을 맞이하였다.

은밀한 사랑이란 침묵하는 연습이며, 상대의 정복을 의기양양하게 뽐내고 싶은 마음을 포기하는 훈련이다. 의식이 있는 남자나 여자라면 비밀을 잘 지킨다. 그러나 두 사람 중 한 명이 먼저 관계를 발설하고 나서면, 이로써 관계가 깨지고 있다는 최초의 징조가 생기는 셈이다.

물론 이런 상황에서 자신이 무슨 일을 저질렀는지 나중에야 깨닫는 사람도 있다. 그리하여 마치 여신 아프로디테가 목욕을 한 후 다시 처녀성을 회복한 것처럼, 은밀한 사랑이 다시 소생되기도 한다. 공식적으로 이들은 관계를 완전히 청산하고 헤어진 것처럼 행동하지만, 실제로는 드러나지 않게 다시 만난다.

타인의 인정 때문에 비밀을 누설하는 사람이라면 관습이나 법 같은 도덕적인 확신으로 이런 일을 시도하지는 않는다. 이 유형의 배신자는 남들이 모르는 비밀을 손에 넣고서 적든 많든 영향력을 행사하고 싶어 몸이 근질거리는 사람들이다. 이들은 이웃이나 가까운 친척까지도 탈세혐의로 고발하곤 하는데, 알고 보면 이들 역시 떳떳한 구석이 별로 없는 사람들이다. 이 유형의 어린이는 자신만 소유하던 어떤 물건을 다른 아이가 갖게 되면, 이를 견딜 수 없어하며 어른에게 뭔가 고자질을 해댄다.

소비사회인 현대는 욕심과 복수(원하는 것을 얻을 수 없을 때)가 인정되는 시대이다. 때문에 대부분의 사람이 국가나 사회로부터 충분한 혜택을 받지 못하며 자신의 고유한 가치도 인정받지 못한다고 느낀다. 즉 그들은 이런 식으로 생각한다. '(별로 잘난 것도 없는) 다른 사람들이 왜 나보다 잘 나가는 거지? 내가 실패한 것을 다른 사람들은 무슨 이유로 성공시키는 걸까.'

정치와 언론은 앞다투어 복수를 찬미하고 있다. 부패한 경찰과 믿을 수 없는 법정이 판을 치는 세상에서, 복수의 칼날을 빼든 사람이 그나마 남아 있는 유일한 정의가 된 것이다. 또 복수를 당연한 것으로 여기는 마피아 세계의 법을 세상 사람도 어느 정도 인정하는 셈이다.

배반이나 밀고는 복수의 방식 가운데 아주 미묘하고 은폐된 형식에 속하는데, 이는 자신이 직접 실행하지 않고 자신의 희생물을 복수하려는 자에게 넘기는 행위이다.

배반자의 유형 가운데 가장 매혹적인 형은 분열적인 배반자이다. 이 유형은 두 얼굴의 사나이 또는 여인이다. 이런 사람이 애인을 만나면 거의 대부분 상대에게 든든한 믿음을 얻어낸다. 그(그녀)의 내면은 마치 여러 층의 서랍처럼 구조되어 있다. 한 층의 서랍에는 고결한 자아가, 또다른 층에는 밀고하는 자아가 들어 있다. 또 권위를 얻고 싶은 마음과 이를 은근히 거부하는 마음이 공존한다.

과거 동독 정부는 이런 유형의 인물을 선발하여 스파이 교육을 시켰다. 또 구동독의 비밀경찰은 제비(바람둥이),

사기꾼, 뺑소니 운전자 등을 체포하여 이들에게 첩자노릇을 하도록 협박하곤 했다.

이런 식으로 밀고자나 첩자가 된 사람들은 시간이 지나면 똑같은 방식으로 비밀경찰을 선택한다. 비밀경찰의 간부들은 밀고를 하더라도 본인에게는 전혀 해가 되지 않는다고 설명하며 후배들을 교묘하게 꼬드긴다.

이렇듯 분열된 배반자는 한쪽 어깨에는 권력을, 반대쪽 어깨에는 희생자를 얹고 다닌다. 하지만 어느 순간 이들은 양쪽 어깨 모두를 돕고 있는 자신을 발견하는데, 그들은 스스로를 경멸하며 자신을 대신해줄 사람이 아무도 없다는 허탈감에 빠져버리게 된다.

죄책감 때문에 배반하는 사람은 타인의 인정보다는 자신의 짐을 덜기 위해서 폭로하는 유형이다. 이런 사람은 타인의 외도를 마치 자신의 외도인 것처럼 양심의 가책을 느끼고 괴로워한다. 내적인 갈등을 비밀의 폭로라는 매개를 통하여 외부로 전환시키면서 싸우는 형이다.

예를 들면 절친한 친구의 부인에게, 당신의 남편이 최근 바람 피운다는 소식을 들었는데 당신은 그 문제를 어떻게 해결했는가, 하며 의도적인 질문을 던지는 식이다. 생각지도 못한 질문에 친구의 부인은 큰 충격에 빠지고, 그 소식을 접한 친구 역시 기겁한다. 친구의 부인은 남편의 외도를 전혀 모르고 있다가 그의 느닷없는 질문으로 그간의 사정을 알게 되는 것이다.

이런 유형의 배반자는 같은 직장의 친한 동료를 고발하기도 한다. 동료가 어린 여대생과 사귀고 있다는 말을 들었다는 식으로 말이다. 그런데 재미있는 것은 그 자신도 박사과정에 있는 한 여자를 희롱한 죄로 고발장을 받아놓은 상태라는 점이다.

은밀한 사랑을 폭로하는 형식 가운데 가장 위험한 것은 두 연인 중 한 사람이 배반할 때이다. 두 사람의 관계가 불균형 상태*일 때, 또 불균형의 관계라도 괜찮다라는 합의를 하지 않았을 경우, 이런 일은 일어나기 쉽다.

라우라는 애인 로베르트가 자신을 혼자 내버려두고 그의 아내와 함께 크리스마스 휴가를 보내는 일로 몹시 괴로워했다. 고민 끝에 그녀는 가장 친한 여자친구(라우라가 연애하는 사실을 질투하면서 이 감정을 숨기고 있다)에게 자신이

---

★ 두 사람의 관계가 불균형을 이룰 경우는 대체로 다음과 같다. 한쪽이 기혼자, 다른 한쪽은 혼자 사는 경우, 또는 아이가 있는데 남자가 또다른 아기를 원할 경우, 혹은 한 부부는 연애 사실을 알고 있으나 다른 부부는 이를 숨기고 있는 경우("당신은 나에게 언제라도 전화할 수 있잖아. 그런데 왜 나는 당신에게 전화하면 안 되지?") 등이다.

얼마나 슬프고 화가 나는지 털어놓게 되었다.

물론 로베르트는 자신이 은밀한 사랑에 빠져 있다는 사실을 아내에게 말하지 않았고, 연인 라우라가 그렇듯 실망하고 있다는 것도 눈치채지 못했다.

이때 라우라의 가장 친한 여자친구는 여자들끼리 서로 도와야 한다는 핑계를 내세우면서, 로베르트의 아내 코르넬리아에게 전화를 걸었다. 그녀는 자신의 제일 친한 여자친구가 얼마나 큰 고통에 빠져 있는지 코르넬리아에게 말해주었다. 자신도 한 남자의 아내로서 몹시 착잡하다는 말도 빠뜨리지 않았다.

이 말을 들은 코르넬리아는 완전히 이성을 잃고 말았다. 이때부터 부부는 크리스마스 휴가를 즐겁게 보내기는커녕, 로베르트의 거취문제를 두고 옥신각신했다. 일시적으로 따로 살아야 할 것인지, 영원히 그렇게 해야 할 것인지 부부는 서로 상처를 주고받으며 티격태격했다.

로베르트는 자신의 은밀한 사랑이 라우라에게, 코르넬리아에게, 그리고 스스로에게 어떤 의미가 있는지 곰곰이 따져보았다. 결국 비밀을 폭로한 배신자로 인해 로베르트는 아내 코르넬리아로부터 버림받게 되었고, 로베르트는 비밀을 누설한 애인 라우라를 버렸다.

불균형한 관계의 또다른 예를 보자. 한 회사의 상사는 새로 입사한 매력적인 여직원을 유혹하기 위하여, 자신은 현재 아내와 별거중이며, 아이들이 성장하고 출가하면 이혼할 것이라고 말했다. 그로부터 10년이 지나도록 그는 끝내 이혼하지 않았고, 자신도 이런 환경이 너무나 견디기 힘들다며 여자에게 변명만 늘어놓았다.

얼마 후, 그녀는 그 상사가 신입 여비서와 새로이 사귄다는 소식을 접하게 되었다. 물론 신입 여비서는 그녀보다 훨씬 젊고 예뻤다.

이런 상황에서 여자가 자신의 수치심과 죄책감을 극복하기란 여간 어려운 일이 아니다. 우선 배신자에게 복수하고 싶은 충동을 억누르는 자제력부터 발휘해야 한다. 가령 자신과 상사와의 관계를 회사에 보고하거나, 상사의 부인에게 모든 사실을 알리고 싶은 흥분된 마음부터 진정시켜야 할 것이다.

상대방의 속임수에 넘어가 관계를 맺어오다가 어느날 갑자기 배반당했을 때 상대를 고발하는 경우가 꽤 많다. 물론 개인적으로 복수할 수 있는 기회일 뿐 아니라, 자신에게 종속된 사람(회사에서의 상하관계, 대학에서의 교수와 제자 관계도 이에 해당된다)을 무자비하게 악용한 사람을 벌주는 법이라는 수단을 동원할 수도 있다.

그래도 이런 식의 복수는 위험하기 짝이 없다. 서로가 서로에게 상처만 줄 뿐이다.

자신이 미혹된 사랑에 빠져 있음을 깨닫고 이를 고민하다, 혼자 힘으로는 어쩌지 못해 타인의 힘을 빌릴 수 있다. 이때 뜻하지 않게 비밀을 누설하는 경우도 있다.

은밀한 사랑을 나누던 중 상대 남자와 관계를 정리해야겠다고 결심한 여자가 있었다. 그녀는 이것을 남자에게 직접 말하기가 두려웠다. 궁리 끝에 그녀는 더이상 만나지 말자는 마음을 우편엽서에 써서 남자에게 보냈다.

그런데 이 엽서를 받아본 사람은 남자의 부인이었다. 얼핏 보기에 별 문제 없을 것 같은 여자의 행동으로 인해 그 부부는 심한 갈등을 겪게 되었다. 이로써 그녀는 애인의 아내를 동지로 얻었다고 볼 수 있다. 즉 그녀의 초자아는 관계를 끊어야 한다고 명령하는데, 현실에서는 도저히 혼자 감당할 수 없었던 한 여인이 애인의 아내를 동지로 끌어들인 셈이다. 이런 방식을 선택함으로써 그녀는 한때 애인이었던 남자와 더이상 가까워질 수 없는 관계를 만드는 데 성공한 것이다.

배반한 사람에게 복수를 결심하는 행위도 정당하다고

볼 수 없다. 배반을 받아들일 수 없다는 심정이 복수를 시도할 만한 객관적인 이유가 되지 못하기 때문이다. 만일 내가 어떤 일을 옳지 못하다고 생각하면서, 스스로 그 일을 행한다면 나는 이중적인 인간이다. 내가 누군가에게 속아서 분하다고 느낀다면, 나는 다른 사람을 속여서 안 된다. 마찬가지로 내가 누군가에게 배반당했어도 그것이 내가 다른 사람을 배반해도 좋다는 근거가 되지 못한다.

은밀한 사랑을 나누는 사람은 흔히 애인과 함께 두 사람만의 미래를 설계한다. 이 계획은 애인을 속이려는 의식적인 의도에서가 아니라 제2의 인생에 대한 동경으로 자연스럽게 이루어지는 것이다. 좀더 솔직히 말하면, 지금의 배우자와 떨어져 위험하지 않은 곳에 꼭꼭 숨어버리고 싶은 심정인 것이다.

그러나 혼자 사는 애인의 입장에서는 진실로 둘이 함께 살게 될 것을 철썩같이 믿어버린다. 그후 두고두고 약속을 지키지 않는 상대를 비난하고 원망할 것이다. 끝내 두 사람의 미래가 실현되지 않으면, 배신감을 느낀 애인이 본인 스스로 은밀한 사랑을 폭로하게 되더라도 자신의 이 행위가 부당하다고 생각하지 않는다.

현실에서 이런 상황이 펼쳐지면 은밀한 사랑에 관여한

모든 사람에게 비극적인 사건으로 비화되기 십상이다. 그들은 사랑이라는 씨앗을 뿌렸으나, 증오라는 열매를 수확한 것이다.

비밀이 누설되면, 갑자기 배반당한 사람은 둘만의 사랑을 폭로한 애인을 미워하기 시작하고, 배우자에게는 자신의 은밀한 사랑이 별것 아닌 것으로 비하시킨다. 자신이 책임져야 할 부분이 있음에도 그는 애써 부인하고, 이 연애를 하찮은 스캔들로 축소하고 왜곡시킨다.

배반당한 사람이 느끼는 경악은 여느 감정과는 비교도 되지 않을 만큼 충격적이다. 평소 의심이 많고, 폭로될 가능성을 고려하는 사람조차도 막상 일을 당하면 속수무책이 되는 법이다. 하물며 상대를 깊이 신뢰하고 자신이 배반당하리라고는 상상조차 하지 않은 사람이 느끼는 놀라움은 당연히 강도가 셀 것이다. 이럴 줄 알았으면……, 절대 그렇게까지 관계를 발전시키지 말았어야 했는데……, 하며 후회하고 또 후회할 것이다.

그리고 일이 이왕 이렇게 벌어진 이상 꼭 연인 사이가 아니더라도 서로 신뢰할 수 있는 좋은 친구로 관계가 변화되기를 기대한다. 자신은 약속을 지키지 않은 사람이고 애인은 배반자가 되었지만, 아직도 그는 사태의 심각성을 깨닫지 못하고 있다. 그러는 사이 애인은 생각지도 못할 복수를 저지르고 만 것이다.

배반당한 사람이 느끼는 경악, 즉 온통 장미빛이던 세상에서 깊은 낭떠러지로 추락한 기분은, 자신이 비밀을 굳게 지키면 애인도 자신처럼 행동하리라고 믿었던 환상과 관련 깊다.

은밀한 사랑에 빠져 있는 동안, 상대가 꿈속에 젖어 있어도 그(그녀)는 이것을 그다지 문제삼지 않는다. 두 사람이 동시에 환상에 빠져버리면 더 자유롭고 더 아름답게 사랑할 수 있기 때문이다. 이때 어느 한쪽에서 환상에서 깨어나, 이 사랑이 현실적으로 어떤 의미가 있으며, 무슨 희망이 있는지 등을 솔직하게 이야기한다면, 이는 사랑을 배신하는 행위가 될 수 있다.

은밀한 사랑의 당사자 중 한 명이 배신을 결심하면, 그는 애인에게 등을 돌릴 뿐 아니라, 평소 애인이 절친하게 지내던 사람들과의 관계도 훼방놓으려고 한다.

배반자는 스스로 은밀한 사랑을 폭로하여 복수하는 순간 은밀한 관계를 끊어버린다. 공생하며 함께 살고 싶어했던 동경은 정반대의 결과로 세상에 노출되고, 증오심에 가득 찬 두 사람은 서로 소외된 채 외톨이로 남는다.

배신당한 그(그녀)는 어제까지만 해도 서로 다른 두 세계에서 살 수 있었으며, 서로 다른 두 삶을 조화시킬 수 있으리라고 믿었다. 그(그녀)는 자신감과 자긍심을 한껏 느끼며 한 집, 한 침대, 한 사람과의 포옹에서 다른 집, 다른 침대, 다른 사람과의 포옹으로 나비처럼 옮겨다녔다.

이 상태를 유지하기 위해 그(그녀)는 필요하다면 거짓말을 했고 과도한 칭찬도 했으며, 달콤한 꿈에 젖어 애인을 만나고, 그(그녀)와 보낸 시간을 가슴 깊이 간직한 채 집으로 돌아가곤 했다.

하지만 오늘의 그(그녀)는 궁지에 몰려 아무도 살지 않는 황량한 벌판에서 어지러이 헤매고 있다. 애인이 은밀한 사랑을 폭로해버림으로써 그(그녀)는 배우자에게 배신자로 낙인찍혔다. 그(그녀)는 더이상 애인을 만날 수 없고, 배우자에게는 증오의 대상이 되어 쫓겨날지도 모르는 위기상황에 처한 것뿐이다.

# 제 11장

# 사회제도에 반한 사랑 – 이해받지 못할까

사회제도에 반한 여러 사랑 중에서
가장 신성한 형태는 독신의 의무를 지켜야 하는
가톨릭 성직자의 사랑이다. 가톨릭 성직자는 교황청으로부터
금욕의 의무를 요구받는다. 그러나 가톨릭 내부를 깊숙이
들여다보면 이 계율을 어긴 이야기가 하도 많아서 차고 넘칠 지경이다.

신부와 수녀의 키스 장면, 1980년대 베네통의 도발적인 광고 작품이다.

어린시절을 또렷하게 기억하는 사람은 범죄를 저질렀던 순간 자신의 두뇌가 어떻게 움직였는지 잘 알고 있다. 이런 사람의 거짓말에는 타고난 재주가 있다. 내가 바로 그런 사람이다.[*]

은밀한 사랑은 변화된 현대적인 삶의 조건, 즉 사회제도가 인간을 압도하는 사회에서 주제로 등장했다. 2차세계대전이 끝나고 한동안 사회는 관료화되면서 발전에 발전을 거듭했다. 점점 더 전문화되어 갔고, 어떤 영역에서든 인간을 감독하고 통제하는 시스템이 자리잡게 되었다.

현대인이라면 한 다발이나 되는 성적증명서와 추천서 따위를 제출하지 않고는 어떠한 직업도 가질 수 없다. 어

---

[*]  마가릿 애트우드, 「빨강과 파랑이 섞인 요」, 『SZ - 매거진』 30호, 1996, p. 5.

디를 가든 손익계산이 따르고 관리와 감독이 따른다. 결과적으로 감정은 물론 이성까지도 사회제도에 반기를 들기 어렵게 구조되어 있다.

사랑의 세계는 아직까지 무질서가 지배하는 마지막 보루로 남아 있다. 이점에서 합법적인 결혼도 예외가 아니다. 하지만 이미 사랑의 영역에도 감독과 통제의 시스템이 깊숙이 파고들어 왔다.

예컨대 이혼하는 과정에서 집요하게 감독하고 관리하는 사회제도만 보더라도 이것을 알 수 있다. 가정은 사회제도로부터 자유로운 곳이라는 꿈에 젖어 살다가, 이혼이란 것을 해보면 이에 따르는 의무가 만만치 않음을 깨닫게 된다. 남은 인생 동안 수입의 2/3를 이혼한 배우자의 생활비로 지불해야 하니 말이다.

하지만 음지에 가려진 존재, 즉 은밀한 사랑은 추적당하고 위협받으면서도 여전히 무정부적이고 반항적인 요소를 강하게 띠고 있다. 은밀한 사랑이 폭로될 때 개인적으로 분노하는 것을 넘어 공적인 처벌이 내려지게 되면 이 사랑은 그야말로 극치의 순간에 이르게 된다.

가장 신성한 형태는 독신의 의무를 지켜야 하는 가톨릭 성직자의 사랑이다. 가톨릭 성직자는 교황청으로부터 금욕의 의무를 요구받는다. 그러나 가톨릭 내부를 깊숙이 들여다보면 이 계율을 어긴 이야기가 하도 많아서 차고 넘칠 지경이다.

성직자 사회에서 은밀한 사랑의 이야기가 조심스럽게 오간다는데, 아직 밝혀지지 않은 상태라면 주교도 이를 문제삼지 않고 감추어줄 정도라고 한다.

하지만 이 사실이 드러나 가톨릭교회에 문제를 일으키면, 해당 성직자는 처벌받거나 옷을 벗어야 할 것이다. 심지어 모든 가톨릭 교구에는 성직자들이 낳은 아이들의 양육비를 보조해주는 기금이 있고, 교회는 이 어린 양들을 비밀스럽게 보살펴준다고 들었다.

성직자의 은밀한 사랑이 현대적인 버전으로 나타난 것이 교수, 정신과의사, 심리치료사 등 다른 사람을 보조해주는 직업을 가진 이들이 학생이나 환자와 맺는 관계라고 할 수 있다.

가톨릭 성직자가 성적인 과오를 범하면, 사람들은 독신이라는 전통을 유지하고 있는 가톨릭교회를 원망할 정도로 이들에게 관대해진다. 하지만 정신과의사나 교육자가 환자나 제자와 은밀히 사랑했다는 소문이 나돌면, 사람들은 전문가로서의 양심을 저버린 이들을 인간취급도 하지

않으려는 경향이 있다.★

　정신분석학에서는 의사의 성적인 행동이 환자의 심리분석을 불가능하게 만든다고 분명한 입장을 취한다. 그러나 이 입장은 전문가로서 취해야 할 이상적인 태도가 그렇다는 것이지, 실제로 연구와 실험을 거쳐 얻어낸 근거를 바탕으로 한 표현은 아니다.

　때문에 의사와 환자 사이에 치료를 중단하고 은밀한 사랑을 하자는 합의가 이루어졌다고 해도, 이 합의가 환자의 자발적인 의사에 의한 결정인지, 아니면 최면상태에서 의사의 암시를 받아 환자가 어쩔 수 없이 동의한 것인지 구별하기란 여간 어렵지 않다.

　한 정신과의사는 자신의 여자 환자를 좋아하게 되었지만 감정을 드러내지 않다가, 어느날 그녀가 완전히 회복되었다는 확신이 들어 자신의 감정을 고백하게 되었다. 그리고 두 사람은 성관계를 가졌다. 그는 나중에서야 자신이 경솔했다는 것을 깨닫게 되었다.

　이제 성관계를 가져도 괜찮겠다는 그 의사의 판단은, 그

---

　★　포퍼 & 부오트소스 K. S. Pope and J. C. Bouhoutsos, 『신과 잠이라도 잤단 말인가 - 정신과의사와 환자가 맺는 성적인 관계』, 호프만 · 캄페 출판사, 1991.

렇게 함으로써 결국 환자를 자신에게 종속시키고자 하는 행동밖에 안 된다. 이는 결코 성숙한 결정이 아니다. 여자 환자의 입장에서 이 문제를 보자. 의사를 마냥 위대한 사람으로 이상화한 그녀가 존경하는 의사와 애인이 되었을 때, 그녀는 그의 사소한 실수에도 쉽게 실망할 수 있다. 이렇게 되면 두 사람의 관계는 흔들리기 십상이다.

의사는 여자 환자를 신뢰할 수 없는 애인이라 비난하고, 여자 환자는 알고보니 무능한 사람이라고 의사를 비하시킨다. 또한 극단적인 경우 여자 환자는 의사의 직업적 윤리를 악용하여 칼자루를 쥐고 흔들 수 있다. 이렇듯 위험한 사랑을 하다가 마침내 직장을 잃거나 병원문을 닫는 선생과 의사들이 꽤 많다.

언론에서는 이 문제에 대하여 가끔 토론을 벌이지만, 핵심을 벗어나 오직 그들이 관심가지는 부분만 집중적으로 조명하려는 경향이 있다. 즉 그런 관계를 맺었을 때, 솔직하게 공개하는 것이 가장 올바르다는 식으로 말한다. 그리고 사실을 은폐하면 자신에게 득될 것이 하나도 없다는 식으로 몰고 간다.

공개하는 것이 가장 좋다는 주장은, 비밀로 간직하는 것이 좋다는 주장과 마찬가지로 다른 방법은 전혀 수용하려

들지 않는다. 공개하면 희생자가 보호받을 수 있다거나, 비밀을 지키면 범인만 보호해준다는 식의 의견은 참으로 단순한 발상이 아닐 수 없다.

나는 두 주장 모두 장단점이 있다고 생각한다. 은밀한 관계를 공개하면 섹스를 비하시키며 당연히 이슈거리를 기다리는 언론과 정치권에 이득이 돌아간다. 한편 비밀로 했을 때는 당사자 스스로 감정을 정리하고 사건을 처리할 수 있다는 이점이 있다. 이 두 방법은 성공할 수도 있고 실패할 수도 있다. 어쨌든 사람들은 이런 과정을 거치면서 과거보다 더 현명해지고 성숙해지는 것은 확실하다.

중요한 것은 우리가 어느 한 방법만 지나치게 신봉하고 이상화시킬수록, 그만큼 큰 실망도 따라올 수 있다는 위험을 고려해야 한다는 것이다.

과거에는 주로 참고 비밀을 발설하지 않았다. 그러나 오늘날에는 비밀이나 침묵을 지킬 필요없이 모든 것을 고백할 수 있는 문화 자체가 얼마나 다행이냐는 의견이 다수인 듯하다.

애인이 있는 가톨릭 성직자, 동성애하는 정치가, 동성애하는 장애인 치료사, 동료들로부터 왕따당하는 회사원, 도핑하는 운동선수, 성희롱당한 합창단의 소년, 세금 포탈자와 마피아의 차기 두목……

이들은 언론을 통하여 스스로 혹은 대변인을 내세워 그동안 아무 말 없이 침묵하는 일이 얼마나 고통스럽고 힘들었는지를 고백한다. 그리고 모든 비밀을 털어놓으니 너무도 속이 후련하다고 말한다.

혼자만의 비밀로 숨기고 있다가 숨이 막힐 것 같아서 털어놓는다는 이런 식의 무수한 폭로 때문에, 오히려 독자나 시청자가 질식할 지경이다.

그런데 재미있는 현상은, 정작 자신의 고민을 털어놓았는데 후련해 하는 사람은 당사자가 아니라 리포터나 기자들이라는 점이다. 언론에 종사하는 사람들은 금기사항을 다루기 좋아하고, 무언가 비밀이 있으면 몹시 부담스럽고 답답해 하다가, 끝내 교묘히 부추겨 이를 공개하게 만든다. 그러니 이들에게 조종당하고 부분적으로 은폐되기도 하는 비밀은 이미 비밀이 아닌 것이다.

자본의 원리가 사회를 움직이는 원동력이 되면, 자연스레 감추어진 부분을 파헤치려는 여러 압력이 생겨난다.

만약 내가 그저 그런 보통의 예술가라면 유감스럽게도 대중의 눈에 잘 띄지 않을 것이다. 하지만 다수가 무시하는 문화적 소수그룹에 속한다면, 경우에 따라 나는 특별한 사람이 될 수도 있다. 소수그룹에 속한 누군가 침묵의 맹세를 깨고 지금껏 숨겨 왔던 비밀을 폭로했을 때, 흔히 그는 아주 용감한 사람으로 자신은 물론 타인까지 구제한 영웅으로 칭송받는다.

비밀을 폭로하는 아우팅(outing) 가운데 가장 음험한 형태는 바로 밀고이다. 용기 있게 금기를 깨는 고백을 했지만 주변에서 별 관심을 끌지 못한 사람은, 마지 못해 침묵을 지키고 있는 동료의 부담을 덜어주어야겠다고 결심한다. 우리는 이런 종류의 사람을 수시로 볼 수 있다.

예컨대 갑자기 언론에 등장하여 그동안 동성애 때문에 아주 괴로웠다고 고백하는 이들이 있다. 이들은 지금껏 위선적으로 행동했지만 더이상 그렇게 살고 싶지 않아 위험을 무릅쓰고 커밍아웃하게 되었다고 말한다.

이런 류의 밀고자가 갖는 목표는 너무도 요원하며 일면 고상하기까지 하다. 이들은 사회정의, 소수인에 대한 관대함, 극단적인 것, 성도착증을 수용해달라고 요구하는 것이다. 하지만 우리가 극단적이라고 보는 모든 것은 정작 너무나 정상적이고 어디서든 쉽게 볼 수 있는, 그야말로 특이한 것이 아니라는 사실을 우리는 알아야 한다.

자신의 비밀을 폭로하는 자들도 알고보면 지극히 평범

한 사람들이다. 때문에 그런 사람을 소개하고 폭로하는 전문가들은 동물포획업자처럼 행세한다. 예를 들어 자신이 잡은 동물이 에덴동산에서 살던 앵무새라고 발표하여 세상을 떠들썩하게 하지만, 어느날 슬그머니 그 새는 사실 참새와 까마귀였다고 말하는 사람들처럼 말이다.

성도착증을 가지고 있다는 사람, 수간(獸姦)했다고 고백하는 사람, 여자의 스타킹을 숭배한다는 사람도 결국에는 정상적인 사람이 되기 위해 경쟁하고 있는 셈이다.

왜 고백은 건강에 좋고, 자유를 주며, 칭찬받는 행위인 반면에 비밀은 위험하고, 어딘가에 종속시키며, 의심스러운 것이라고 생각하게 되었을까?

누구에게 해를 끼치지 않음에도 불구하고 왜 우리는 자신만의 기벽이나 성적인 성향, 은밀한 비밀 등을 가지면 안 되는 것인가?

이상 성향이 있는 사람에게 어떤 밀고자가 당신뿐 아니라 다른 사람도 그렇다고 말해주면, 마침내 당신이 억눌린 우리를 자유롭게 해방시켜주었다며 그가 기뻐할까?

오랫동안 홀로 비밀을 지키며 고통스러워 했던 사람이 다른 동지를 만나 떼지어 움직인다고 해서 과연 그는 얼마만큼 행복해질까?

한때 사회로부터 무시당하고 자신의 정체성에 대하여 침묵을 지켰던 사람들이, 이제 거리로 뛰쳐나와 축제를 벌이는 모습은 자발적인 기쁨이 아니라, 강요된 도식적인 기쁨을 표현하는 웃음은 아닐까?

# 제 12장

# 진실인가, 유희인가 – 기존의 가치관을 넘어서

은밀한 사랑의 세계에서 보면 결혼생활은 무미건조하고,
삶의 환상이 없으며, 역동적인 즐거움도 없다.
그러나 결혼생활의 측면에서 보면 은밀한 사랑의 세계 또한 부도덕하고,
거짓이 난무하며, 경박하고, 책임감이 없다.

〈그네〉, 르누아르 Pierre Auguste Renoir, 1841~1919

사랑에 대한 기존의 관념을 넘어서는 새로운 가치관을 세우지 않는다면, 우리는 사랑에 대한 현대인의 모순적인 욕망을 해결할 수 없을 것이다. 즉 사랑에 탐닉하는 환상적인 욕구와 신뢰 또는 안정을 동시에 추구하고자 하는 욕망 사이에서 갈등을 무난히 조정할 수 있는 사람이란 아무도 없을 것이다. 사랑에 대한 환상이 안정적인 결혼생활에 도움이 되기는커녕 위험하기만 할 뿐일지라도, 현대인은 무섭도록 짜릿한 이 환상을 쉽게 포기하지 않기 때문이다.

'당신을 사랑해' 라는 말은 너무 낡아버려 너덜너덜 저잣거리에 내걸린 표현이 되고 말았지만, 이 말은 여전히 아름다운 표현이다. 그런데 이것은 어떤 감정상태를 표현하는 언사일 뿐 무엇을 약속하는 언어는 아니다. 그래서일까. 사람들은 좀더 강렬한 방법으로 사랑을 표현하기 위하여 끊임없이 새로운 시도를 한다.

"당신은 내가 진정으로 사랑했던 유일한 사람이야. 지금도 그렇고, 미래에도 영원히 그럴 거야."

이 표현에서 우리는 사랑을 이상화시키려는 인간의 속성을 엿볼 수 있다. 이렇게 말함으로써 사랑에 빠진 사람들은 단단한 현실의 땅을 떠나 추락할 위험성이 높은 저 푸른 하늘로 비상하게 된다.

'진정한 사랑'에 대한 동일한 정의를 품고서 마치 풍선을 타듯 잠시 현실세계에서 떠나 있는 이들은, 자신의 욕망을 부정하거나 은근슬쩍 감추면서 쓸쓸하게 살아가는 진흙땅의 벌레 같은 인간들보다 자신이 훨씬 우월한 존재라고 느낀다. 그들은 드높은 창공에서 대지 위를 오가는 무미건조한 인간군상을 동정하는 눈길로 내려다본다.

모차르트의 오페라 <마술 피리>를 좋아하는 사람이라면 누구나 이런 딜레마를 이해할 것이다. 이야기를 끌고가는 아름다운 주인공들이 있지만, 여기서 우리의 관심은 해결되지 않는 딜레마에 관한 것이다.

우리는 밤의 여왕의 딸 파미나를 사랑하지만 익살꾼 파파게노도 사랑한다. 다시 말해 인간은 고결한 사랑을 맞이

할 마음의 준비를 하고 있지만, 세속적인 사랑을 나누고 싶은 정열도 지니고 있는 것이다. 그리고 왕자 타미노는 우리가 쉽게 사랑하기는 힘든 인물이지만, 이 세상에 없어서는 안 될 존재이다.

파파게노와 타미노는 서로 다른 이데올로기를 추구하지만 음악은 이 두 사람을 연결시킨다. 이를테면 타미노는 영원한 가치를 신봉하고 존중하는 반면, 파파게노는 속삭이는 목소리로 사랑의 맹세(영원히 당신만을 사랑하리!)를 말한다. 물론 '더 예쁜 여자를 발견하지 못하는 한' 그렇다는 것이지만.

타미노는 스스로 이해하지 못하는 원칙(왜냐하면 전후좌우를 모두 아는 사람만 이해할 수 있기 때문이다)을 위해 목숨까지 내놓을 준비가 되어 있지만, 파파게노는 성직자의 시험이 무의미하다고 판단하여 그에게 불복종한다.

나이든 성직자는 천진한 파파게노에게 말한다.

"그대는 천상의 즐거움을 결코 내다보지 못할지니."

파파게노는 대답한다.

"맞습니다. 하지만 저 같은 사람이 훨씬 더 많지요!"

타미노의 입장에서 보면 파파게노란 징그러운 인간벌레에 불과하다. 반대로 파파게노의 입장에서 본 타미노 역시 정신이 돌아버린 자로, 하찮은 일에 자신의 모든 것을 거는 바보스런 존재이다.

한편 파미나는 타미노가 존중하는 원칙 대신 사랑을 위하여 그녀의 모든 것을 내건다. 이런 의미에서 그녀는 파파게노 류의 사람이지만, 그는 그녀가 좋아하는 타입이 아니다. 왜냐하면 그는 파미나보다 허기를 채워주는 음식을 더 사랑하기 때문이다. 한편 원칙을 철저히 신봉하는 타미노는 그녀를 위해서라면 언제든 죽음 준비가 되어 있다. 딜레마가 아닐 수 없다.

은밀한 사랑을 긍정적으로 바라보고 이를 찬미하면, 자칫 냉소적인 인간으로 보일 수 있고, 또는 현실에서 아무 소용없는 환상을 추구하는 헛된 자로 보일 수도 있다. 관객은 파파게노를 보고 비웃을 수도 있고, 그에게 동정심을 느낄 수도 있다.

파파게노는 자신을 이상처럼 떠받드는 타인을 허용하지 않는다. 하지만 그는 자신과 대립되는 가치를 수용할 줄 아는 인간이다. 이것은 참으로 의미 있는 태도라고 본다. 소위 '대립모델'은 우리가 어떤 사실을 새로운 각도로 바라보면 완전히 다르게 보인다는 점을 인정하고 받아들일 때 가치 있게 다가온다.

은밀한 사랑의 세계에서 보면 결혼생활은 무미건조하고, 삶의 환상이 없으며, 역동적인 즐거움도 없다. 그러나 결혼생활의 측면에서 보면 은밀한 사랑의 세계 또한 부도덕하고, 거짓이 난무하며, 경박하고 책임감이 없다.

빛에 가려진 어둠과 선에 가려진 악 역시 서로 대립모델이 되는 요소이다. 어떤 비밀도 허락하지 않는 배타적인 사랑, 예컨대 플라토닉과 공생이라는 이상을 동시에 추구하는 사랑은 어떤 일이 있어도 절대 배반하지 말 것을 요구한다. 만약 이를 어길 경우 배반당한 사람은 무자비한 복수를 감행할 수 있다.

하지만 은밀한 사랑은 겉으로 드러내놓을 수 있는 종류의 자부심은 없기 때문에 심판이나 복수를 시도하려는 자에게 적합하지 않다. 이 사랑이 지니고 있는 약점은 책임감이 부족하다는 것이다. 좋아하는 술을 마시기 위해 값비싼 예술품을 저당잡히는 것처럼, 어떤 사람에게 은밀한 사랑이라는 행위는 삶의 쾌락을 위하여 소중한 무언가를 저당잡는 선택이다. 함께 자식을 키우고 양육하는 진지한 배우자와 더불어 항상 삶의 유희를 벌이고 모험을 즐길 수는 없지 않은가.

사랑인가 소유인가, 유희인가 진실인가, 지상의 사랑인

가 천상의 사랑인가. 이것은 서열로 경중을 가릴 수 있는 단위요소가 아니라 서로 대립되어 있는 사랑의 이항일 뿐이다.

언제 어디서나 행복해지려는 욕망은 오히려 삶에 부담을 주어 우리를 지속적인 불행에 빠지게 한다. 지금보다 조금만 더 행복해질 수 없을까? 바로 이런 고민이 유희적인 발상이며, 긍정과 부정을 동시에 가능하게 하며, 삶의 부피를 키울 수 있는 발랄하고 유쾌한 태도이다.

바람 피우기를 거부한다고 해서 성장시절에 문제가 있었다거나, 주요한 신체기관에 이상이 있는 것은 아니다. 만약 그러하다면 우리는 이것을 은밀한 사랑이라고 부르지 않을 것이다. 바람 피우는 행위는 아주 위험하기 짝이 없는 유희이기 때문이다.★

진지한 사랑도 나름의 매력이 있다. 상대의 삶을 나의 삶인 듯 소중하게 여기고, 상대가 아무리 다정한 말로 약속을 취소하더라도 섭섭해서 가슴 아픈(왜냐면 그들 사이에는 비밀이 없어야 하고, 모든 것을 공유해야 하기 때문에) 관계,

---

★ 불륜의 위험을 말할 때 전형적으로 거론되는 현상은 남녀 사이의 폭력이다. 만약 남자는 여자와 진지하게 사귀면서 그녀를 붙잡고 싶은데, 여자는 유희로 연애하려 할 때 문제가 된다. 유희의 한계를 넘어서면 여자는 남자를 뿌리치려 하고, 남자는 잔인하게 돌변한다.

복수하려는 충동과 이별하려는 충동으로 혼자 머리를 감싼 채 고민하거나, 또는 두 사람이 이 문제를 함께 해결해야 하는 진지한 관계도 분명 매력적이다.

두 사람은 아주 행복하게 첫인연을 맺었고, 그들이 언젠가 헤어지게 되리라고는 상상도 못한다. 하지만 두 사람의 관계가 탄탄대로를 달리는 안정된 상태라고 하더라도, 하루아침에 와르르 무너질 수 있는 것이 사랑이다. 만약 두 사람 사이에 틈이 생기면 언제 그랬냐는 식으로 찬 냉기만 감돌게 될 것이다. 이제 모든 게 끝난 것이 아닐까 하는 두려움이 몰려오고, 무슨 말이든 잘 들어주며 항상 내 편이던 배우자가 변심한 것은 아닐까 두려워진다.

이처럼 진지한 남녀관계에서 발생할 수 있는 긴장감을 생각해보면, 차라리 상대를 절대적으로 믿지 않는 은밀한 사랑이 훨씬 수월하고 경쾌하며, 차라리 아름다워 보이기까지 한다.

은밀한 사랑을 즐기는 남녀는 축제를 벌이듯 소유욕이나 미래에 대한 두려움 없이 자유롭게 사랑한다. 정말 보고 싶지만, 결혼한 애인에게 갑자기 일이 생길 수 있고, 또는 아이의 머리가 펄펄 끓거나, 급히 처리해야 할 직장의 업무가 생길 수도 있다. 이때 그(그녀)는 미소 지으며  이렇게 말할 것이다.

"유감이군요, 어쨌든 가족과 모처럼만의 휴가일테니 즐겁게 다녀오세요. 그럼 우리는 다음에 봐요."

이 상황에서 이렇게 말하는 것이 가능한 인간이라면, 그(그녀)는 분명히 삶의 유희적인 즐거움을 만끽할 수 있는 자이다.

잉그마르 베리만(스웨덴의 유명 영화감독)은 영화 <결혼에 관한 몇가지 풍경>에서 '진지한 사랑'에 실망한 나머지 절망과 증오의 나락으로 떨어지는 과정을 잘 보여주고 있다. 또 발랄하게 유희적으로 관계하던 두 사람이 잃어버린 사랑을 어떻게(바로 은밀한 사랑을 통하여) 다시금 발견하는지도 보여준다.

이 영화는 현실의 우리 생활을 아주 많이 반영하고 있다. 결혼한 남녀는 자살을 시도하고, 또 복수를 시도하면서 결국 이혼에 이르게 되지만, 마음 비우고 편안하게 사귀니 다시 은밀한 사랑이 조심스럽게 싹튼다. 결국 두 사람이 헤어진 것은 갈등이 생겼을 때 상대방을 너그럽게 이해하기보다는 문제를 지나칠 정도로 진지하게 해결하려 들었기 때문인지도 모른다.

사랑에 있어 유희와 진실은 육지와 바다의 관계 같다.

만일 우리가 태풍이나 밀물에 대비하여 튼튼한 방파제를 쌓았을 경우 그 둑은 밀려오는 바닷물을 막아낼 있을 수 있다. 또는 그럼에도 불구하고 세찬 바닷물이 방파제를 넘어 육지로 밀려들 수도 있다. 아무런 대비를 하지 않았을 경우 역시, 별 재난을 당하지 않거나 끔찍한 재난을 당할 수도 있다.

처음 유희로 시작되었던 사랑은 진지한 관계로 탈바꿈할 수 있고, 굳어버린 진지한 관계에서 새로운 유희가 꽃필 수 있다. 우리는 2세를 잘 키우기 위하여, 또 은퇴 후를 고려하여 미리 도움을 저축하지 않으면 곤란하기에 부부간의 진지한 사랑 없이 살아가기는 곤란하다.

하지만 유희 없이도 살 수가 없다. 지루하고 힘든 일상에서 유희나 축제가 없다면 우리의 삶은 더이상 창조적이지 못할 것이기 때문이다.

언제나 나는 결혼과 외도가 인접한 경계선에서 온갖 사랑의 모습을 관찰하는 자세로 서 있다. 그러니 이 경계를 자유로이 넘나드려는 사람에게 결코 여권을 요구하지 않을 것이다.

# 도덕 저편에서 바라본 「외도학 개론」

　　2002 월드컵 개막식에도 참석했던 독일의 축구영웅 프란츠 베켄바우어의 은밀한 사랑이 얼마 전 대중에게 노출되었다. 여비서와 몰래 나눈 불륜이 언론에 폭로되었지만, 이 부부는 이혼은 하지 않을 거라고 선언했다. 이들의 태도를 두고 독일 언론은 아주 성숙한 결정이라며 온통 칭찬 일색이었다.

　그렇다면 한국의 할머니와 어머니들이 남편의 외도를 꾹꾹 참으면서 산 것도 성숙한 태도 때문이었을까. 아마도 이것은 다른 각도에서 보아야 할 문제일 것이다.

　어쨌든 '은밀한 사랑'은 동서고금을 막론하고 익히 알려진 현상일 뿐 아니라, 근래에는 유명인의 은밀한 사랑을 일부러 찾아다니며 언론에 파는 직업까지 생겼다. 이런 시대의 반영일까. 뮌헨의 심리학자이자 정신분석가인 슈미트바우어는 대중잡지의 표지를 장식하기 맞춤한 주제를 과감히 들고 나왔다. 뿐만 아니라 외도란 가정의 파탄을 초래하니 절대로 행하지 말라는 충고 대신, 외도가 꼭 나쁜 것은 아니라고까지 말한다. 그는 신화, 예술작품, 민요, 언론, 자신이 상담한 환자의 경우를 예로 들어가며 진지하게 때로는 유머러스하게 외도의 실상에 초점을 맞춘다.

이 책에서 주로 다루는 은밀한 사랑은 우리들 대부분이 해보았음직한 선남선녀의 조심스런 사랑이나 하룻밤의 정사가 아니다. 우리가 바람 또는 외도라고 부르는 것, 남몰래 연애하는 비밀스러운 사랑을 말한다. 양편 모두 배우자(혹은 동거인이나 애인)가 있거나 한쪽이라도 배우자가 있는 경우에 한한다.

어떤 이는 지은이가 남자이니 당연히 외도를 옹호하고 비호하는 내용이라고 지레 짐작할 수도 있다. 하지만 책에서 남자의 외도를 합리화하거나 억지로 변호하는 모습은 찾기 힘들다. 오히려 그리스 신화에서 헤파이스토스가 아내 아프로디테의 외도 장면을 증거로 남기기 위해 다른 남신을 불러들이거나, 『데카메론』에서 남편 리날도가 외도한 아내 필리파를 법정에 세운 예화는 아내의 외도를 폭로하려다 망신당한 남편의 딱한 신세만 부각시킨다.

지은이는 바람에 대하여 좋다, 나쁘다 판단하기보다 우선 외도의 원인부터 밝힌다. 즉, 그는 남녀가 함께 사는 생활, 부부관계가 지닌 약점에서부터 외도가 발생한다고 본다. 부부란 여러 책임과 의무에 구속되어 자유롭지 못하고 날마다 얼굴을 마주하니 성적인 환상도 사라진다. 그러니 인간은 자연스레 은밀한 사랑이라는 자유롭고 설레이는 환상을 찾게 된다는 것이다.

또 지은이는 '에로틱은 예술이다'라고 주장한다. 즉, 모든 인간이 예술가가 될 수 없듯이, 은밀한 사랑도 아무나 할 수 없다는 얘기이다. 우선 죄책감을 극복해야 하고, 또 거짓말을 재주껏 해서 배우자가 눈치채지 못하도록 해야 하고, 결과가 어떠하든 자신의 행동에 책임질 준비가 되어 있어야 하기 때문이다.

슈미트바우어에 따르면 부부관계는 외도로 인해 더 확고해지거나, 위험에 처하거나, 아니면 이혼에 이를 수 있다고 한다. 두번째와 세번째의 결과는 누구나 쉽게 수긍하겠지만, 과연 첫번째의 결과가 생길 수 있을까 의구심이 들 수 있다. 그러나 속사정은 알 수 없고 앞으로 이혼할지도 모르지만, 현재 베켄바우어 부부의 경우가 이에 해당한다고 볼 수 있다. 시간이 지나면서 부부는 자신의 실수를 뉘우치거나 상대를 용서하고, 서로의 소중함을 깨닫게 되면서 다시금 강한 애정으로 맺어진다는 것이다.

또 지은이는 부부관계가 파탄에 이르는 주요 원인은 상대를 미화시키기 때문이라고 설명한다. 왜냐하면 사람이나 관계를 이상적으로 보면 당연히 실망할 수밖에 없고, 또 그에 대한 반응도 파괴적일 수밖에 없다. 부부란 늘 슬픔과 기쁨을 함께 하고, 언제나 진실만을 말해야 한다고 믿는 사람 또는 믿고 싶은 사람들에게 환상을 깨라고 일침을 놓는다. 이처럼 부부관계란 완벽하지 못한 것이므로 오히려 은밀한 사랑이 불완전한 부부관계를 유지하는데 도움이 될 수도 있다는 주장이다.

배우자가 평생 나만을 사랑하고 외도하지 않으면 참 좋으련만, 현실적으로 그렇게 되기는 매우 어렵다고 한다. 그렇다면 이런 상황이 눈앞에 닥쳤을 때 우리는 어떻게 행동해야 할까. 지은이는 안정된 부부관계와 은밀한 사랑 모두 인간의 본성상 필요하다는 입장을 취한다.

과거에는 주로 남자만 외도라는 일탈적 사랑을 즐겼지만 요즈음은 그렇지도 않다. 우리나라 역시 남녀 모두 상대방의 외도로부터 안전하지 못하다. 지은이도 지적하듯

이, 남자의 외도와 여자의 외도는 종류가 다르다고 설명해 보지만 전혀 먹혀들지 않는다. 그러니 이 책을 읽는 남성이라면 아내 몰래 미소지을 필요는 없겠다.

거짓말을 페니실린처럼 재주껏 사용하며 삶의 즐거움을 누리라고 조언하는 지은이가 옮긴이에게는 매우 솔직한 사람으로 느껴졌다. 그의 말처럼 인간에게 가정이라는 안정된 기반이 필요하지만, 유희와 일탈, 사랑도 필요하다. 누구든 어떤 기회에 은밀한 사랑을 만나게 되면 이를 잡고 싶은 유혹을 뿌리치기 힘들 것이다. 이렇게 싹을 틔운 사랑은 소리없이 스러지기도 하고, 배우자와 이혼으로 치닫게도 하며, 프랑스의 고 미테랑 대통령의 경우처럼 평생토록 이어질 수도 있다. 미테랑 대통령의 장례식을 TV에서 지켜본 사람이라면 부인이 아닌 제3의 여자가 검은 옷을 입고 슬퍼하던 모습을 기억할 것이다.

이 책은 결혼, 외도, 이혼 등의 주제를 다루고 있지만 다시 잘 들여다보면 사랑(성숙하고 인간적인)의 본질과 의미를 탐구하고 있다. 그리고 사랑 못지 않게 이별 역시 인간의 삶에서 아주 중요하다는 사실을 깨닫게 해준다.

2003년 5월
이미옥

# 지은이 소개

**볼프강 슈미트바우어** (Wolfgang Schmidbauer)
1941년 뮌헨 태생으로 대학에서 정신분석학을 공부했다.
1968년에는 『신화와 심리학』이란 논문으로 박사학위를 받고
심리치료사 과정도 마쳤다. 현재 독일과 이탈리아에서
자유기고가로 활발히 활동하며, 뮌헨에서 '심리분석 그룹치료'
연구소를 열고 있다.
그는 '유혹하는 본능'이라는 치료 프로그램을 날마다 진행하는데,
여기에 참여하는 환자 대부분이 제도적 사랑, 즉 결혼 이외의
애정으로 어려움을 겪고 있는 사람들이다.
그는 삶이 곧 사랑의 전쟁터인 사람들에게 도움을 주며,
여러 종류의 강의에도 열심이다.

### 지은 책과 논문
『신화와 심리학』 『환자의 마음, 정상인의 마음』
『문화적 진화와 악으로서의 공격성』 『사냥꾼과 채집자』
『정신신체의학』 『심리치료의 가능성』
『이드 id에서 자아까지』 『청소년을 위한 정신분석학 사전』
『무력한 2인자』 『Everything or Nothing』 『무능한 영웅』
『내 몸 편안하게 느끼기』 『친밀해지는 것에 대한 두려움』
『내가 정신분석학을 사랑하는 이유』
『잃어버린 곳으로 떠난 여행』 『역할 없는 배우자』
『그룹치료는 우리를 어떻게 변화시킬 수 있는가』
『외로운 자유』 『여성 켄타우로스』 『조력자가 실수하면』
『영혼 다루기』 『프로이드의 딜레마』 『유혹하는 본능』 등

**옮긴이 이미옥**
경북대학교에서 독문학을 공부하고
독일 괴팅겐대학교에서 독문학 석사,
경북대학교에서 독문학 박사학위를 받았다.
중앙대학교에서 강의했으며, 지금은 전문번역가로 활동중.
장편소설 『바람개비』를 출간했고,
옮긴 책으로는 『게임오버』 『히틀러와 돈』
『잡노마드 사회』 『시기심』 『전형적인 미국인』 등이 있다.

**유혹하는 본능**
일상의 도피인가, 은밀한 놀이인가

펴낸날   2003년  7월   5일  1판  1쇄
         2003년  7월  12일  1판  2쇄
지은이   볼프강 슈미트바우어
옮긴이   이미옥

펴낸이   김혜숙
펴낸곳   도서출판 참솔
등록번호   제8-244호
등록일   1998년 5월 13일
주소   121-718 서울시 마포구 공덕동 404 풍림빌딩 521호
대표전화   3273-6323
팩시밀리   3273-6329
이메일   charmsoul@charmsoul.com

값   11,000원
ISBN  89-88430-32-8 03180